MODERN HUMANITIES RESEARCH ASSOCIATION
EUROPEAN TRANSLATIONS
VOLUME 3

GERMANIC EDITOR
RITCHIE ROBERTSON

PEDRO CALDERÓN DE LA BARCA
LA DEVOCIÓN DE LA CRUZ

AUGUST WILHELM SCHLEGEL
DIE ANDACHT ZUM KREUZE

EDITED BY
CAROL TULLY

Pedro Calderón de la Barca
La devoción de la Cruz

August Wilhelm Schlegel
Die Andacht zum Kreuze

Edited by
Carol Tully

Modern Humanities Research Association
2012

Published by

The Modern Humanities Research Association,
1 Carlton House Terrace
London SW1Y 5AF

© The Modern Humanities Research Association, 2012

Carol Tully has asserted her right under the Copyright, Designs and Patents Act 1988 to be identified as the author of this work. Parts of this work may be reproduced as permitted under legal provisions for fair dealing (or fair use) for the purposes of research, private study, criticism, or review, or when a relevant collective licensing agreement is in place. All other reproduction requires the written permission of the copyright holder who may be contacted at rights@mhra.org.uk.

First published 2012

ISBN 978-0-947623-99-9

Copies may be ordered from www.translations.mhra.org.uk

CONTENTS

Introduction	1
La devoción de la Cruz/Die Andacht zum Kreuze	30
Commentary	206
Bibliography	215

INTRODUCTION

~

Die Andacht zum Kreuze: August Wilhelm Schlegel's Translation of Calderón's *La devoción de la cruz*: Text in Context

August Wilhelm Schlegel (1767–1845) was one of the central figures of the early Romantic period in Germany. His literary theories and work as a translator form part of the legacy of a group of writers, scholars, and thinkers whose cultural impact is still felt today. Sometimes controversial, his work has often been criticized and at times been overshadowed by that of his brother, Friedrich (1772–1829), yet August Wilhelm's contribution to the broader understanding of European culture is an important and lasting one. He saw himself as a mediator between cultures and it is this aspect of his work, with translation at the heart of his critical approach, which is the focus of this volume. His range of interests was broad and he engaged with a variety of cultures over his career, including English, French, and Sanskrit. While his work on Shakespeare remains perhaps his best known, his reading of Spanish literature would also shape the understanding of European letters to an extent often overlooked today.

For the first decade of the nineteenth century, Schlegel was deeply immersed in the work of the Spanish Golden Age and, in particular, that of Calderón de la Barca. The Schlegels, following Tieck, were first drawn to the work of Cervantes and his epic chivalric novel *Don Quijote*, receiving the text, with its focus on imagination and individuality, as a paradigm of Romantic literature. Interest soon broadened, however, to include Calderón and it was August Wilhelm who led the way in bringing the Romantic appreciation of his work to the attention of a wider audience with the two-volume selection of Calderón's plays, *Spanisches Theater* (1803–09).[1] It would be an exaggeration to suggest that Schlegel 'discovered' Calderón for a German audience. The theatre of the Spanish Golden Age, with its elaborate plots, Catholic intensity, and Baroque stylization, was already very familiar in the German context through numerous, mostly French, adaptations. As such, Schlegel cannot be credited with drawing Calderón's work to the attention of creative writers in the German-speaking lands. What he can be credited with, however, is the revolutionary notion of presenting Calderón's work in a form which sought to mirror as closely as

1. August Wilhelm Schlegel, *Spanisches Theater*, 2 vols (Berlin: Julius Eduard Hitzig, 1803–09). The plays chosen for translation were: volume 1: *La devoción de la cruz, El mayor encanto amor, La banda y la flor*; volume 2: *El príncipe constante* and *La Puente de Mantible*.

possible the tone, colour, and metre of the original. This endeavour would have a marked impact on the reception of Calderón's work in Germany, providing a thoroughly new perspective on his work at a time when the reputation of Spain's literary heritage was on the rise. The growing interest in Spanish culture, fostered initially by Herder and then driven forward by Schlegel through his translations and literary criticism, would lay the foundations for a rich tradition of German Hispanism which still flourishes today.

The text presented here, the *comedia*, *La devoción de la cruz* (The Devotion of the Cross, 1636), was the first and arguably most influential of the plays Schlegel chose to present to a German audience. The impact of the translation relates not so much to the stature of the play itself — there are far better known works by Calderón — but rather to the fact that it is the first of Calderón's plays to appear in a German translation which sought to reflect the true character of the source text through sympathetic replication of the original metre. Even before its publication in 1803, the translation, *Die Andacht zum Kreuze*, had sparked lively interest amongst Schlegel's contemporaries, including Schelling and Goethe. This volume presents Calderón's text along side Schlegel's rendition for the first time and in so doing seeks to place this groundbreaking translation in the context of its time.

* * *

Pedro Calderón de la Barca (1600–1681) is widely regarded as Spain's most significant dramatist of the early modern period. Born into an established Castilian family, Calderón was destined initially for a career in the Church. He studied at Alcalá and Salamanca before abandoning theology to become a soldier, a career which he then interspersed with a growing reputation as a playwright. Such was his popularity that he soon became one of the main contributors to the stage of the royal court and was made a knight of the Order of Santiago by Philip IV in 1636. His writing career can be divided into two phases, the first from the late 1620s to the 1640s and the second, following the prolonged closure of the Madrid stage during a period of political upheaval and war, from the 1650s onwards. The latter part of his career saw him return to the Church and limit his writing to producing material for the royal stage until his death in 1681. As Melveena McKendrick notes in her seminal study, *Theatre in Spain 1490–1700* (1989), his work can be categorized into four main types: the *comedias*, which were generally love intrigues with an urban, contemporary setting; the dramas, which drew primarily on biblical and historical material; the mythological plays, which often contained musical content and can be seen as a precursor to the opera in Spain; and the *autos sacramentales*, which were one-act allegorical plays and the focus of his late career.[2] The style he developed defined a new direction

---

2. Melveena McKendrick, *Theatre in Spain 1490 — 1700* (Cambridge: Cambridge University Press, 1989), Chapter 6.

for the Spanish stage, as the more spontaneous approach found in the work of the once dominant Lope de Vega was replaced by Calderón's narrative complexity and often elaborate stylization. This was underpinned by a deceptively simple lyrical depth which, combined with what was regarded as a specifically southern colour and vivacity, drew the attention of first Ludwig Tieck and then the Schlegel brothers to Calderón's work, which they saw as an exemplar of the Romantic literary paradigm. In the early stages of the German Romantic reception of Calderón, *La devoción de la cruz* in particular seemed to embody the very essence of the Romantic *Weltanschauung* and was selected by Schlegel, along with *El mayor encanto amor* (Love, the Greatest Enchantment, 1635) and *La banda y la flor* (The Sash and the Flower, 1632), to appear in the first volume of his *Spanisches Theater* in 1803.

La devoción de la cruz first appeared in 1629 in a version entitled *La cruz en la sepultura* (The Cross on the Sepulchre). The play was initially widely thought to be by Lope de Vega but was later published with some significant changes and the current title in the first edition of Calderón's early *comedias* in 1636. Both versions remained in circulation well into the eighteenth century but the later version became better known and was established as the standard in the nineteenth century. The play, set in Italy, centres on the family of the nobleman Curcio and his three children, Eusebio, Julia, and Lisardo. The central conceit, however, is that Eusebio's relationship to the rest of the family is unknown at the beginning of the play.

The first act opens, as is customary, with a scene involving the *graciosos* or fools whose buffoonery intersperses the main plot and provides a comedic element to the otherwise tragic content of the play. As the main plot unfolds, the audience learn that Curcio, part of a once rich noble line, has squandered the family fortune, leaving his daughter without a dowry and destined to a life in a convent. Unbeknown to Curcio, however, Julia has fallen in love with the enigmatic Eusebio and the pair plan to marry. Eusebio's background is shrouded in mystery. Abandoned as an infant in the woods at the foot of a cross, he has led an eventful and often violent life, protected at all times by the cross, the symbol of his birth. He has been born with a birthmark on his chest in the form of a cross which acts as a constant reminder. This dubious background makes him an unsuitable choice for the noble Julia, and her brother Lisardo challenges Eusebio to a duel in an attempt to prevent their marriage. Lisardo is fatally wounded but begs Eusebio, invoking the cross, not to allow him to die before he has properly confessed his sins. Deeply affected by the mention of the cross, Eusebio acquiesces and carries the dying Lisardo in his arms to find a nearby hermitage where Lisardo can receive absolution.

Meanwhile, Julia is in her father's house, distraught at the prospect of a life in a convent. Eusebio arrives without mentioning Lisardo's fate and tries to persuade her to run away with him before she discovers what has taken place. Eusebio is forced to hide when Curcio arrives to command Julia to prepare herself for the convent. Julia's resistance provokes an angry Curcio into revealing that he had once held doubts over her legitimacy and the fidelity of his wife. He begins to tell the story of how he tried to take revenge on her mother, but the narrative is interrupted by the arrival of the *graciosos*, a group of local villagers, who bring Lisardo's lifeless body, revealing in so doing Eusebio's role in his death. Curcio is distraught, mourning Lisardo and denouncing Julia. As he leaves, Eusebio emerges from hiding to be confronted by Julia who allows him to flee but not before breaking off all contact with him.

The second act opens with the sound of gunfire. A band of robbers, led by Eusebio, have attempted to kill Alberto, a priest who has become lost on the mountainside. The old man was saved from certain death by the book he was carrying in his breast pocket which stopped the bullet. He explains that book is the fruit of his scholarship and is entitled 'The Miracles of the Cross'. Once again, mention of the cross softens Eusebio's heart and he allows the priest to carry on his journey after Alberto has undertaken to hear his confession before he dies. In the meantime, Curcio has offered a reward for the capture of Eusebio, alive or dead, and Julia has begun her life in the convent.

Curcio, seeking Eusebio, completes the narrative of his suspicions surrounding his wife, explaining how he lured her into the woods to the foot of a cross with the intention of ending her life. Despite his anger, she convinced him of her innocence and he left her exhausted by the cross. In a strange twist, however, when he returned home, she was inexplicably already there with their newborn child Julia who had a birthmark in the shape of a cross on her breast. Their joy was tempered, however, by the mother's belief that she had given birth to two children, one of whom was now alone on the mountainside.

The act continues with Eusebio's efforts to break into the convent in order to seduce Julia. Having almost managed to seduce her, he then flees in terror having caught sight of the cross on her breast, recognizing it as the self-same mark which he also bears. Leaving the convent and her vows behind, Julia tries to follow him but loses her nerve once she is outside the walls. Unfortunately for her, the ladder which she used to descend the convent walls has been removed by Eusebio's men and she must remain on the outside, something which she interprets as punishment for her sins.

The third act finds Julia dressed as a man with her face covered to hide her true identity. She is captured by Eusebio's men and brought before him. She refuses to reveal herself until they are alone. Eusebio sends his men away and Julia threatens to kill him, revealing in so doing that she has already been forced to kill many others in her efforts to find Eusebio and remain undetected. The scene is interrupted by the arrival of Curcio and his men and a battle ensues in which Julia takes Eusebio's side. Curcio and Eusebio find themselves alone and both become aware of a strange bond drawing them together. They both lay down their weapons and fight bare-handed before Curcio allows Eusebio to escape. Curcio's men pursue Eusebio deeper into the mountainside and he falls dramatically over a cliff edge to find himself at the foot of the cross where he was born. He calls out for Alberto, pleading with him to keep his promise to hear his confession before he dies. Curcio arrives and in offering Eusebio assistance, sees the cross on his chest and realizes that Eusebio is in fact his own son. The old man is horrified to have simultaneously found and lost his son.

Curcio's men leave Eusebio for dead, buried under some branches. Shortly afterwards, Alberto appears, once again lost on the mountainside. He is drawn by the sound of Eusebio's voice, calling for absolution. Alberto uncovers Eusebio, who returns to life in order to make his final confession before finally dying. Julia and Curcio witness this in disbelief. Alberto explains to them that God took pity on Eusebio as a result of his lifelong devotion to the cross and kept Eusebio's soul alive to allow him to confess his sins.

Julia is horrified to learn that she was Eusebio's sister. She confesses her sins and vows to return to the convent to do penance. Curcio falls into a blind rage, declaring he must kill her himself but he is prevented from so doing as Julia invokes the cross, pleading for salvation. Just as Curcio is about strike a blow, Julia throws herself upon the cross and it rises from the ground, lifting her towards heaven.

La devoción de la cruz is in many ways a thoroughly Romantic play. The complex plot, mystical aspect, and inescapability of fate are elements which clearly speak to a Romantic *Weltanschauung*, especially as understood by the earlier generation of Romantic writers, in Germany in particular but across Europe as a whole. The central themes of the play reflect the Romantic fascination with the irrational, darker side of human existence through the development of themes such as unintentional incest, inexplicable events, and intergenerational conflict. Notable parallels are to be found in a number of key works throughout the Romantic period, including, in the German context, Ludwig Tieck's *Der blonde Eckbert* (1797) and Clemens Brentano's *Die Geschichte vom braven Kasperl und dem schönen Annerl* (1817), as well as later echoes evident in a number texts central to the Spanish Romantic canon such as the Duque de Rivas' *Don Alvaro, ó la fuerza del sino* (Don Alvaro, or the power of fate, 1835) and José Zorrilla's *Don Juan Tenorio* (1844).

The inherent Romanticism of the play notwithstanding, the work is perhaps more significant for the role it plays in reshaping the German understanding of Spanish culture and the subsequent development of German Hispanism. Although *La devoción de la cruz* is not the best-known or best-loved of Calderón's plays, gaining far less attention than, for example, *La vida es sueño* (Life is a Dream, 1629–35) or *El príncipe constante* (The Steadfast Prince, 1629), it is nevertheless a pivotal work in the German reception of Calderón as the first of his plays to be translated by Schlegel. It captures the imagination of key figures, including Goethe and Schelling, and as such, its translation is a milestone in the renewed appreciation of Spanish culture in the German-speaking lands in the late eighteenth and early nineteenth centuries. This in turn is symptomatic of and central to the by now well-rehearsed broader cultural shift which marked the transition from Neo-Classicism to the Romantic Age. Furthermore, Schlegel's translation of *La devoción de la cruz* can also be seen as a key catalyst for the veritable surge of interest in Calderón's work which would last until well into the nineteenth century. As Henry Sullivan has shown in his major study, *Calderón in the German Lands and the Low Countries: his reception and influence, 1654–1980* (1983), the nineteenth century saw a marked rise in the number of German adaptations, translations, editions, and performances of Calderón's work, with contributions from well-known figures including Joseph von Eichendorff and Franz Grillparzer and, stretching into the early twentieth century, Hugo von Hofmannsthal and Lion Feuchtwanger.[3] Indeed, such was the enthusiasm for Calderón in the early part of the nineteenth century in particular that in the 1820s there began a backlash against his influence on contemporary German theatre, led by figures such as August von Platen, Christian Dietrich Grabbe, and Ernst August Friedrich Klingemann, amid fears that overexposure to the Calderonian style was beginning to undermine the development of home-grown German theatre.

When assessing the extent of what became known as the 'Cult of Calderón', the numbers, to some extent, speak for themselves. Sullivan's listings suggest an increase from 20 to 74 in the number of plays by Calderón available in German translation from the end of the eighteenth to the end of the nineteenth century. This includes those found in the numerous anthologies and selections in German translation by scholars such as Otto von Malsburg, Johann Dietrich Gries, and Franz Lorinser to name but a few. The popularity of individual plays varied but some, such as *La vida es sueño,* saw an increase from two known translations into German in the eighteenth century to sixteen in the nineteenth. Other works, such as *La devoción de la cruz,* appeared in German translation for the first time, in this case in Schlegel's 1803 volume, once again highlighting the seminal nature of the translation presented here.[4]

In the years leading up to Schlegel's translation, however, the reputations of Spain's canonical writers of the early modern period had experienced somewhat mixed fortunes. Despite remaining popular with general theatre audiences, who delighted in the complexity and colour of the Baroque stage, for much of the eighteenth century, Spain's Golden Age had been the object of severe criticism

---

3. Henry W. Sullivan, *Calderón in the German Lands and the Low Countries: his reception and influence, 1654–1980* (Cambridge: Cambridge University Press, 1983).
4. The play is largely absent from subsequent editions by other translators. It does not appear in Gries's collection, including the expanded edition of 1840–50. It is also omitted from Malsburg's 1819 collection and only a fragment, Act One, appears in Mettingh's 1884 edition.

from literary scholars. It was seen as unrefined and out of line with the dominant world view as elaborate Baroque taste gave way to the aesthetic values of Neo-Classicism. Even in Spain itself, the work of Calderón, Cervantes, and Lope de Vega fell out of vogue as attention focussed instead on the ideas emanating from the French capital. This was echoed in the German-speaking lands, where once popular works fell foul of the theatrical reforms introduced by Johann Christoph Gottsched, who sought to reshape the German stage in line with the principles of French Neo-Classical taste. These developments had an impact on the general perception of Spain across Europe. The once dominant southern nation was no longer regarded as a political powerhouse and cultural beacon, but as reactionary and culturally backward: home to the so-called *Leyenda negra* or Black Legend of inquisitorial intrigue and religious and cultural intolerance.

As the eighteenth century progressed, however, the approach to Spain and its Golden Age began to shift once more. Rejecting Gottsched's reforms, critics such as Johann Jakob Bodmer and Johann Jakob Breitinger began to advocate cultural pluralism and a less restrictive approach to literary values. This opened up new avenues and saw the development of what came to be regarded as a national as opposed to a universal aesthetic. There was a broadening of interest in previously neglected genres and, in particular, a marked enthusiasm for medieval and early modern works, as well as active interest in more popular forms such as the legend and the *Märchen*. Spain's lively poetic heritage also found a new generation of enthusiasts keen to appreciate the individuality of forms such as the *romance* and the chivalric novel, as well as Golden Age theatre. This shift in aesthetic values informed the thought of a number of prominent German figures, such as Gotthold Ephraim Lessing, who praised Spanish Golden Age literature in his influential *Hamburgische Dramaturgie* (1767-68), and perhaps most notably, Johann Gottfried Herder, who drew Spain into his study of national literatures, appreciating in particular the *Cancioneros* and the influence of Moorish culture. Historiographical resources also began to emerge, including Johann Andreas Dieze's 1769 translation of Luis Joseph Velázquez's *Orígenes de la poesía castellana* (Origins of Spanish Poetry, 1754) and Friedrich Bouterwek's 1804 study of Spanish literature, which formed part of his ambitious *Geschichte der Poesie und Beredsamkeit seit dem Ende des dreizehnten Jahrhunderts* (1801-19).

This renewed appreciation of Spanish culture in the context of a more pluralist aesthetic was soon coupled with an ideological admiration in the German-speaking lands for contemporary Spain and her people. At a time when both cultures found themselves at war with the French, the staunch resistance of the Spanish people in the face of advancing Napoleonic forces during the Peninsular Wars, and in particular the uprising of 1808, greatly impressed many German observers. For the German Romantics, and the Schlegel brothers in particular, modern Spain was capable of such defiance only due to the persistence in the national psyche of the core values of her medieval chivalric heritage, a circumstance which set the modern nation apart. The same bravery, resilience and Catholic steadfastness which had enabled the defeat of the Moors in 1492 could now be drawn on to counter the contemporary French occupation of the Iberian peninsula. By interpreting Spain as a paradigm in this way, the Schlegels and others sought, through their rhetoric, to address deficiencies within their own sphere. Following such an example, German chivalric tradition could also be recalled and revitalized, not necessarily in order to relive the past but most certainly to inspire the present.

Spain was, then, a nation to be admired for both her cultural heritage and her contemporary bravery. These two elements combined to lay the foundations for what can be considered the German Romantic apotheosis of Spain. During the first decades of the nineteenth century, there was a rush to associate with all aspects of Iberian culture, with most of the key figures of the period displaying some interest in Spanish and, to a lesser extent, Portuguese literature. This resulted in contributions from some of the best known writers of the day, including Ludwig Tieck, who published his seminal translation of *Don Quijote* (1799–1801), and E. T. A. Hoffmann, who initiated the tradition of staging Calderón at Bamberg. Critical and philological interest was also on the increase with anthologies such as Jacob Grimm's *Silva de Romances viejos* (Collection of Old Romances, 1815), Georg Bernhard Depping's *Sammlung der besten alten spanischen historischen Ritter- und Maurischen Romanzen* (1817) and the immensely popular *Altspanische Romanzen* (1821), translated by Friedrich Diez.

Underpinning this creative and philological activity was the theoretical framework emerging from two of the most engaged Hispanophiles of the period: August Wilhelm and Friedrich Schlegel. Friedrich's *Geschichte der europäischen Literatur* (1803–04) and, in particular, August Wilhelm's *Wiener Vorlesungen* (delivered in 1808 and published in 1809–11), both grounded in Herderian ideals, provided a new critical approach to Spain's literary culture which sat at the heart of their reappraisal of the European canon. August Wilhelm first outlined his views on Spain's literary heritage in the essay 'Über das spanische Theater' which appeared in his brother's periodical, *Europa*, in 1803, just after the publication of the first volume of *Spanisches Theater*. The essay was then delivered in revised form in his *Wiener Vorlesungen* of 1808, shortly before the appearance of the second volume of Calderón translations. As this suggests, there is a close correlation between his critical work and his work as a translator. Indeed, issues relating to translation and the development of literary historiography were central to the work of both Schlegel brothers and developed over time as a common theme in a number of their critical essays beginning, in August Wilhelm's case, with the early outline of European literary history, *Epochen der Dichtkunst* (1799) and the later lecture series in Berlin, Vienna and Bonn. The brothers develop, as Günter Niggl notes, the notion of 'eine neue

Kanonbildung',[5] a Herderian project which has at its heart the reappraisal and mediation of previously neglected works such as those from the Middle Ages, Italy, and Spain. Central is the desire to bridge the gap between the ancient and the modern, showing in the process the intellectual continuity which underpins European culture while also respecting and celebrating the variety which that culture entails. This is borne out in the text of the *Wiener Vorlesungen* themselves. In the first lecture, Schlegel outlines his view that the literatures of all ages and cultures are worthy of appreciation:

> Es gibt kein Monopol der Poesie für gewisse Zeitalter und Völker; folglich ist auch der Despotismus des Geschmacks, womit diese gewisse vielleicht ganz willkürlich bei ihnen festgestellte Regeln allgemein durchsetzen wollen, immer eine ungültige Anmaßung.[6]

This call for a far broader appreciation of art, moving away from the 'Despotismus des Geschmacks' which favoured adherence to the formulaic values of the Ancients, is at the heart of Schlegel's appreciation of Calderón. Forging critically into the spirit of dramatic art, Schlegel draws a comparison between ancient and modern theatre which underpins his reading of Spain's Golden Age:

> Wie in der heitern Weltansicht der Griechen die herbe Tragödie dennoch möglich war, so kann auch die aus der oben geschilderten entsprungene romantische Poesie alle Stimmungen bis zur fröhlichsten durchgehen; aber sie wird immer in einem namenlosen Etwas Spuren ihrer Quellen an sich tragen. Das Gefühl ist im Ganzen bei den Neueren inniger, die Phantasie unkörperlicher, der Gedanke beschaulicher geworden. (p. 26)

Romantic literature is, then, guided by a different set of principles led by emotion and imagination rather than clarity and form. This, along with a notably national spirit, is precisely what Schlegel identifies in the work of Calderón. Going into more detail, Schlegel notes the following which has particular resonance for the text presented here:

> Das griechische Ideal der Menschheit war vollkommene Eintracht und Ebenmaß aller Kräfte, natürliche Harmonie. Die Neueren hingegen sind zum Bewußtsein der inneren Entzweiung gekommen, welche ein solches Ideal unmöglich macht; daher ist das Streben ihrer Poesie, diese beiden Welten, zwischen denen wir uns geteilt fühlen, die geistige und sinnliche, miteinander auszusöhnen und unauflöslich zu verschmelzen. Die sinnlichen Eindrücke sollen durch ihr geheimnisvolles Bündnis mit höheren Gefühlen gleichsam geheiligt werden, der Geist hingegen will seine Ahnungen oder

---

5. Günter Niggl, *Studien zur Literatur der Goethezeit*, Schriften zur Literaturwissenschaft 17 (Berlin: Duncker und Humblot, 2001), p. 257.
6. August Wilhelm Schlegel, *Kritische Schriften und Briefe*, ed. by Edgar Lohner, 7 vols (Stuttgart: Kohlhammer, 1966-67), V: *Vorlesungen über dramatische Kunst und Literatur*, p. 18. Further references appear in the text.

unnennbaren Anschauungen vom Unendlichen in der sinnlichen Erscheinung sinnbildlich niederlegen. (p. 26)

Calderón's work fits with Schlegel's second category and rejects any notion of 'Ebenmaß' or 'Harmonie', foregrounding instead 'Entzweiung', 'Gefühl', and 'Ahnung' in a world where any sense of containment is cast aside by fate, irrationality, and human failure. Form and content are drawn together to create a modern, Romantic aesthetic which enables a true understanding of the human condition. This appraisal of Calderón was shared by Friedrich Schelling, who wrote enthusiastically to Schlegel from Jena on 21 October 1802. His words, which relate in part to *La devoción de la cruz*, show how central Calderón was to the Romantic dialectic at this time:

> Das Stück von Calderon hat mich in hohes Entzücken und tiefe Bewunderung versetzt. Es ist eine völlig neue Anschauung, und öfnet mehr als ich zu sagen vermag die Perspective auf die Grösse deren die romantische Poesie fähig ist. Wenn ich je ein Stück gekannt habe, das ganz Stoff und ganz Form ist, so ist es dieses: beyde durchdringen sich bis zur absoluten Durchsichtigkeit. Selbst Shakespeare erscheint mir dagegen trüber, über dessen Absichten es Zweifel und abweichende Meynungen geben kann, hier ist die Absicht ganz in's Object übergegangen und ihm verbunden. Wollte man die Offenbarung innerer Absichten, die unwillkührlich erscheint, Naivetät nennen, so wäre Calderons Gedicht das Naivste, was mir vorgekommen ist: er spielt ein ganz offnes Spiel, man sieht auf den Grund seiner Seele, er selbst spricht an verschiedenen Stellen seinen ganzen Sinn und Absicht aus — und macht doch die ganze Wirkung, welche bey Shakespear (sic) oft nur die unenthüllbare oder unergründliche Absicht und Tiefe hervorbringt. Das ist die wahrste und innerste Rührung, die von diesem göttlichen Gedicht ausgeht. Ein andrer Punct der Vergleichung und Unterscheidung von Sh(akespeare) ist die Mischung des Komischen und Tragischen: ich gestehe, dass mir diese Elemente bey Shakesp(eare) weit mehr *neben* einander zu liegen scheinen, und dass jenes in den viel leiseren Zügen mit welchen es bey Calderon entworfen ist, dem Ganzen eine weit grössere Identität und Reinheit lässt. Dieses Gedicht zeigt, welch' ein nothwendiges Element der Poësie die Religion ist, was diese dem Dichter erlaubt, da er in ihr die Mittel der Versöhnung und Harmonie findet. Der weit zurückgehende Hintergrund, da Eusebio's Schicksal nicht durch ihn selbst sondern den Willen des Himmels bestimmt ist, der ihn nach der Geburt bey dem Kreuz zurücklässt, und dadurch die blinde Wuth seiner Liebe zur Julia, die nach allen tragischen Begriffen nichts anders als Schrecklichkeiten erzeugen kann, und den Brudermord nebst allen Folgen begründet — diese Zurückweichung des Ganzen in ein früheres Verhängnis wie die religiöse Lösung am Ende geht zunächst an das Antike, und erinnert an Ödipus und alles Grosse, so wie überhaupt diess das Antike wahrhaft im Modernen — der Gegensatz wahrhaft und wesentlich aufgehoben ist, ohne dass dieses aufhörte, romantisch und modern zu seyn. Kurz ich sehe, dass was man sich in der Theorie als ein Problem dachte, dessen Lösung in der Ferne läge, hier

wirklich geleistet ist und es möchte schwer seyn sich zu überreden, dass über dieses hinaus noch etwas Höheres läge.[7]

This lengthy excerpt serves to highlight the depth and variety of aesthetic considerations provoked by the German Romantic encounter with Calderón. Not only is there a response to the specific content of an individual work, there are also deliberations which help to crystallize the key debates of the age including the negotiation with the theatre of the Ancients, the reappraisal of the European canon, and the establishment of new literary approaches. Schelling's dialogue with Schlegel constitutes part of an exploration of these aspects which is central to the development of the aesthetic writings of both men. Schelling's immediate response to *Die Andacht zum Kreuze* would feed into his Jena lecture, *Abhandlung über die Tragödie* (delivered as part of a series in 1802–3), which, as Sullivan notes, saw Schelling 'use *La devoción de la cruz* as the basis of a whole theory of Christian tragedy'.[8] Particularly significant also is the comparison with Shakespeare, the development of which will become so crucial in Schlegel's emerging appreciation of Calderón and central also to his legacy as a critic. In the context of the emerging aesthetic, English and Spanish theatre become the embodiment of Romantic theatre, something which Schlegel makes explicit in the first of the *Wiener Vorlesungen*:

> Das romantische Schauspiel, welches man, genau genommen, weder Tragödie noch Komödie im Sinne der Alten nennen kann, ist nur bei den Engländern und Spaniern einheimisch gewesen, und zwar hat es zu gleicher Zeit bei beiden, vor etwas mehr als zweihundert Jahren, hier durch Shakespeare, dort durch Lope de Vega zu blühen angefangen. (p. 27)

Interestingly, Schlegel focuses initially not on Calderón but on Lope de Vega, demonstrating an awareness of the chronological development of the Spanish stage.[9] His appreciation of Calderón was, however, increasingly central and he goes on to highlight the synergies between English and Spanish theatre in his twelfth lecture by placing Calderón above Lope at the pinnacle of Spain's literary heritage. By drawing comparisons with English theatre, and more specifically with Shakespeare, whose works he had already translated in collaboration with Tieck, Schlegel sets the agenda for subsequent reception of Calderón throughout the century, not just in the German context but in Europe as a whole. In so

---

7. Friedrich Wilhelm Joseph Schelling, *Historisch-kritische Ausgabe* (Stuttgart: Frommann-Holzboog, 2010), Reihe III: *Briefe*, 3 vols: II, pp. 501–2. Further references appear in the text.
8. Sullivan, p. 220.
9. This counters to some extent the claims made by many modern critics that Schlegel knew nothing of Spain's literary heritage beyond the work of Calderón. Such criticisms seem unfounded when the scope of his scholarship is taken into account and, indeed, the holdings of his library, published in catalogue form following his death suggest that Schlegel's reading of Spain's literature was in fact quite broad.

doing, he singles out the Spanish stage for praise as the epitome of Romantic theatre:

> Was sie miteinander gemein haben, ist der Geist der romantischen Poesie, dramatisch ausgesprochen. Doch damit wir uns gleich mit der gehörigen Einschränkung erklären, so ist unsers Erachtens das spanische Theater bis zu seinem Verfall seit dem Anfange des achtzehnten Jahrhunderts fast durchgehends romantisch; das englische ist es nur in seinem Stifter und größten Meister, Shakespeare, auf vollkommne Weise: [...] (p. 111)

This illustrates the broader German Romantic apotheosis of Spanish culture: just as Spain had retained its chivalric ethos for longer than any other European nation, so it had retained a Romantic aspect in its literary works. Whereas the loss of Romantic character experienced by the English stage is to be lamented, the benefits limited to the work of Shakespeare but lost thereafter, the continued and therefore paradigmatically Romantic nature of the Spanish stage is to be admired. This development is explained in terms of national character:

> Wie sich dennoch hierbei die verschiedne Sinnesart zweier Völker offenbart hat, eines nördlichen und eines südlichen; jenes mit einer ahnungsvollen, dieses mit einer glühenden Einbildungskraft begabt; jenes mit grübelndem Ernst in sich gekehrt, dieses durch rege Leidenschaftlichkeit nach außen getrieben: das wird am besten am Schluße dieses Abschnittes in einer Parallele zwischen den zwei einzig großen Dichtern, Shakespeare und Calderón, zusammengefaßt werden können. (p. 111)

Highlighting the inherent polarity of the Schlegelian reading of European culture, the Spanish characteristics listed here clearly map onto those ascribed to one pole of the Romantic worldview — 'glühende Einbildungskraft', 'rege Leidenschaftlichkeit' — and are then placed in stark contrast to the Ossianic broodings of the northern, equally Romantic character. Spain's culture becomes, then, an integral part of the Romantic ideal — an oriental Other to the Germanic self.

Having claimed his comparative approach as new territory in the critical landscape, Schlegel then goes on to stake his own claim as a cultural mediator. According to his Herderian perspective, great writers are those who embody the national spirit, and for others to appreciate their work in a comparative context, careful mediation is required, something which he feels he has the critical distance to carry out well:

> Hier muß nun die vermittelnde Kritik eintreten, die vielleicht von einem Deutschen am besten ausgeübt werden kann, der weder in englischer noch spanischer Nationalität befangen, aber einer wie der andern durch Neigung befreundet ist und durch keine Eifersucht gehindert wird, was früher geleistet worden, anzuerkennen. (p. 111)

It is interesting to note here how the role of the German scholar as balanced critic and receptive reader is subtly overlaid onto the cultural and political background of the period. Cultural partisanship, not to mention French cultural hegemony and political aggression, are deftly replaced by a positive portrayal of German academic wisdom, presented as a safe pair of hands in which to place the complex task of cultural mediation. Schlegel's aim is not to impose values and to standardize but rather to appreciate plurality and foster understanding. Although the emphasis here is on the role of literary criticism, the proximity of translation and literary historiography in the Schlegelian view of transcultural mediation would suggest that the concept of 'Vermittlung' extends to both critical analysis and translation. Andreas Huyssen, writing in 1969, provides an incisive portrait of Schlegel which emphasizes this:

> Stellen wir uns A.W. Schlegel, den eleganten, eitlen Weltmann, der als Persönlichkeit ganz und gar nicht 'romantisch' wirkt, den umsichtigen Kritiker und Gefolgsmann Goethes und Schillers, den immer auf kritische Distanz bedachten Übersetzer Shakespeares und Calderons vor Augen, so kommt uns eher die lateinische Schrift 'traducere navem' in den Sinn. Übersetzen wird *über*-setzen, womit ein Gegenüber gegeben ist, eine Distanz, die nicht durch Verschmelzen der Gegensätze überbrückt wird, sondern durch zugleich einfühlende und bewußt kritische Vermittlung. Der von Shakespeare begeisterte Wilhelm Meister kann sich mit Hamlet eins fühlen; die Forderung der historischen Treue, der sich seit Herders Geschichtsphilosophie kein Übersetzer mehr entziehen durfte, verpflichtet A.W. Schlegel jedoch auf ein klares und bewußtes Gegenüber.[10]

Huyssen frames Schlegel in the contemporary context, highlighting the multiple influences at work — Herder, Goethe, Schiller — and places his contribution at the heart of the Romantic debate surrounding the possibility of translation. In this respect, Schlegel's understanding of translation as a practice very much paralleled that of Friedrich Schleiermacher as outlined in his 1813 essay *Über die verschiedenen Methoden des Übersetzens*, which saw the target audience engage with the translated text as a mediated artefact brought to them from another culture rather than one synthesized with their own. This becomes particularly apparent when, having established the parameters of his role as mediator in his twelfth lecture, Schlegel goes on in his fourteenth to voice sharp criticism of existing translations of Calderón's work in a discussion which throws some light on the rationale for his own activity in this area:

> In Frankreich hat man durchaus keinen andern Begriff vom spanischen Theater als den, welchen man sich etwa aus Linguets Übersetzungen bilden kann. Diese hat man wieder aus dem Französischen ins Deutsche übertragen und mit andern nicht besseren, unmittelbar nach den Originalen vermehrt. Die Übersetzer haben aber ihre Wahl fast einzig auf das Fach der

---

10. Andreas Huyssen, *Die frühromantische Konzeption von Übersetzung und Aneignung. Studien zur frühromantischen Utopie einer deutschen Weltliteratur*, Züricher Beiträge zur deutschen Literaturgeschichte, 33 (Zürich: Atlantis, 1969), pp. 70-71.

Intrigenlustspiele beschränkt und, da doch sämtliche spanische Schauspiele versifiziert sind, einige Entremeses, Saynetes[11] und die aus der neuesten Zeit ausgenommen, alles in Prosa aufgelöst, vieles nur auszugsweise gegeben und es sich wohl gar zum Verdienst angerechnet, allen sogenannten poetischen Schmuck sorgfältig wegzuschaffen. Bei diesem Verfahren konnte nur das materielle Gerüste der ursprünglichen Werke übrigbleiben, das schöne Kolorit mußte mit den Formen der Ausführung verlorengehn. Daß Übersetzer, welche solchergestalt einen gänzlichen Mangel an Urteil über dichterische Vorzüge beweisen, nicht das Vortrefflichste unter dem ganzen Vorrat ausgewählt haben werden, läßt sich leicht ermessen. (p. 252)

Schlegel's objective is clear: to preserve 'das schöne Kolorit' lost in the formulaic French prose translations of the previous century. As Wilhelm Schwartz noted in his early study of Schlegel's Hispanism, this was a new approach to the mediation of Calderón's work.[12] Until this point, Calderón was known to the German reading public almost exclusively through translations from French which themselves were often effectively adaptations, reworked to suit the prevailing taste. Schlegel's aim was instead to convey the poetic and national character of the text which is tied closely to its appreciation and is paradigmatic in the context of the Romantic aesthetic. Central to this is sympathetic negotiation of the verse forms of the original text. For Schlegel, this was a key element in the mediation process. Put simply, the poetic nature of Calderón's work requires a poetic translation, what Schlegel terms 'eine wahrhaft dichterische Übersetzung' (p. 259), in keeping with the national aspect of the original, in order for the audience to fully appreciate his work both as an example of Romantic theatre and a window on the culture and values of Golden Age Spain. The decision to use verse to translate verse was in itself not new. What Schlegel established, however, was the principle that the best way to do so was through replication of the original metre, or — at the very least — the adoption of a metre in keeping with the practice of the source culture. This presented Schlegel with a number of technical difficulties when it came to translating Calderón. Unlike Shakespeare, where iambic metre is more common, the Calderonian style involves mostly four-footed trochees, the most common being the *romance* form with its dependence on assonance. To attempt to replicate this in German ran counter to the practice of many translators of the age, most notably Joseph Schreyvogel, who maintained that only iambic verse was suited to the German language, and Jakob Grimm, who rejected the notion altogether.

11. Entremeses and Saynetes (sainetes) are short, one act comical or satirical interludes, usually in verse and performed between longer performances or at the end of an evening of theatre. They were popular throughout the sixteenth and seventeenth centuries in Spain.
12. Wilhem Schwartz, *August Wilhelm Schlegels Verhältnis zur spanischen und portugiesischen Literatur* (Halle: Niemeyer, 1914), p.71.

Whatever the complexities, Schlegel's project would change the reception of Calderón immeasurably, mediating his work directly and sympathetically to a German audience for the first time. In assessing the impact of this, Sullivan is effusive in his praise for Schlegel's endeavour:

> As a technical *tour de force*, Schlegel's Calderón put even his Shakespeare in the shade. Rather than aiming at a literal, word-for-word rendering, Schlegel sought to reproduce the spirit of the original in content and expressive mood. But whereas Shakepeare rarely abandons the iambic pentameter — rhymed or unrhymed — Calderón shifts his metre constantly. With astounding virtuosity, Schlegel retained the exact verse forms of the Spanish, changed when Calderón did, and kept the precise syllable count and ryhme scheme of each individual stanza pattern. In his handling of the difficult *romance*, Schlegel adopted a stricter rhythm than was normal in Spanish, that of trochaic tetrameters, and incidentally succeeded in establishing trochaic tetrameters in the German drama. [...] So, for the first time in the long history of Calderón's reception in Germany, some of his works were available in versions as close to the originals as it was humanly possible to come.[13]

Sullivan's largely uncritical appraisal centres primarily on the technical aspects which were those with which Schlegel himself was most content. He was aware, however, of flaws in the lyrical rendition which occasionally suffers in his translation at the expense of metrical precision. This is emphasized in Jochen Strobel's recent study of Schlegel's 1803 anthology, *Blumensträuße der italiänischen, spanischen und portugiesischen Poesie*. Strobel defines Schlegel's approach to translation in the following terms, which identify the complex negotiations required to recreate the tone and form of the original text:

> Schlegels Übersetzungspraxis verbindet stilistische Gewähltheit, ja Überhöhung — damit eine weitest mögliche Distanz zu allem metrisch und sprachlich Schlichten, dem romantischen Ideal der Volkspoesie Angenäherten — mit maximaler poetischer, inhaltlicher und formaler, vor allem metrischer, Treue. Dies kann sogar die Verbesserung ästhetischer Mängel einschließen. Wie also der Autor an seinem entstehenden Text 'feilt', kann ihn auch der Übersetzer noch 'verschönern'.[14]

Comparison of the texts presented here shows Strobel's analysis to be largely accurate. Indeed, in practice, Schlegel's approach sits somewhere between the historical awareness outlined by Huyssen and the process identified by Strobel. Schlegel's success is dependent on a state of compromise where the theorist's intended adherence to metre and desire to render every detail of the original

---

13. Sullivan, pp. 174–5.
14. Jochen Strobel, 'Blumensträuße für die Deutschen. August Wilhelm Schlegels produktive Rezeption der romanischen Poesie als Übersetzer und Literaturhistoriker' in *Der Europäer A. W. Schlegel. Romantischer Kulturtransfer — Romantische Wissenswelten*, ed. by York-Gothart Mix and Jochen Strobel (Berlin and New York: de Gruyter, 2010), pp. 165–66.

force the translator occasionally to embellish or alter the material beyond the parameters of his own ideals. The outcome is an inherent tension which in some cases partially undermines what Schlegel himself would have seen as the integrity of his translation in the context of his Herderian values.

The effectiveness of the Schlegelian approach is perhaps best gauged from the reception which his work received during the first decades of the century. This was variable, with initial enthusiasm giving way to more measured critical distance as understanding and appreciation of Calderón's work developed. As might be expected in the early years of the Romantic period, contemporaries, carried along by their passion for the new aesthetic, were on the whole appreciative of the ethos which had driven Schlegel to work on Calderón. Many were keen to voice their approval for Schlegel's contribution, both privately and publicly, and for some, his achievement as a translator was second to none. For example, the Prussian general, Adolf von Kalckreuth, writing to Schlegel in 1803 upon receipt of the first volume of *Spanisches Theater*, is full of praise, identifying in the text precisely what Schlegel hoped he could convey in terms of his role as cultural mediator, reaching a German readership while maintaining the spirit of the original Spanish:

> Die Acht Reime gerathen Ihnen mehrenteils vortrefflich, und ich erinnere mich wenig gezwungener Abschnitte [. . .] Ich lese ein vollkommen Deutsches Produkt, und ahnde beständig das Spanische sowohl in der reichen Fülle des Ausdruckes, an der eigenen witzelnden Geschwätzigkeit eines durch Geselligkeit gebildeten Volkes, als auch die Wärme, und das Gediegene der Empfindung, die wir in der südlichen Poesie antreffen. Die Andacht zum Kreuze gehört der romantischen Dichtkunst an und im Ganzen mögte ich dieses Schauspiel den folgenden in der Sammlung bei weitem vorziehen.[15]

This response is typical of the early, essentially Romantic, and increasingly Catholic reception of Calderón which was drawn, in particular, to *La devoción de la cruz*. While Kalckreuth himself was too bound to the values of the previous century to count as a Romantic per se, his evaluation of Schlegel's translation certainly demonstrates an appreciation of the spirit of the new age. Another admirer turns to verse to convey his enthusiasm. The poem, initialled 'C. V.', was sent to Schlegel by his friend, the Conde de Casa-Valencia, the Spanish ambassador in Berlin, when this latter heard Schlegel's translation of Calderón for the first time on 11 April 1803. He ends his celebratory piece with the extravagant claim that he is unsure 'Si Schlegel es Castellano / O es Tudesco Calderón (Whether Schlegel is Castilian / Or Calderón a German).[16] Schlegel's

---

15. *Briefe von und an August Wilhelm Schlegel. Gesammelt und erläutert durch Josef Körner*, 2 vols (Leipzig: Amalthea, 1930), I, p. 161.
16. Reproduced in *Schauspiele von Don Pedro Calderon de la Barca. Übersetzt von August Wilhelm von Schlegel. Zweite Ausgabe besorgt von Eduard Böcking*, 2 vols (Leipzig: Weidmann, 1845), II, p. 400.

literary contemporaries soon added their praise in similar vein. Schelling, in his letter to Schlegel from Jena on 21 October 1802, was particularly enthusiastic:

> Haben Sie innigsten Dank für die Mittheilung; noch weit grössern und allgemeinern verdienen Sie für die vortreffliche Uebersetzung, aber diese Art von Verdiensten erzeugt in der Regel nur Undankbare, man verlangt gleich mehr, man verlangt alles zu besitzen. Es war mir daher höchst erfreulich in der Ankündigung Ihrer Vorlesungen zu sehen, dass Sie noch ein Stück desselben Autors beynahe vollendet haben. Lassen Sie doch uns hier zu Lande auch so viel möglich theilnehmen. (p. 502)

The emphasis of Schelling's appreciation is clearly the aesthetic value of Spain's literary heritage, underlined by the reference also to Schlegel's critical work, and the desire to broaden knowledge of Calderón further, but there were others who focussed in equally enthusiastic terms on the political aspect of the early German Romantic appreciation of his work. The critic Adam Müller draws together the cultural and the political in a parallel appraisal of Spain and of Schlegel's work in his essay 'Vom Charakter der spanischen Poesie'. The text was published in 1808, the same year as Schlegel's lectures were delivered in Vienna but, significantly, also the year of the Spanish uprising against Napoleon:

> Die deutsche Sprache genießt vor allen andern europäischen Sprachen des unschätzbaren Vorzugs, drey Uebersetzungen von Dramen des Calderon zu besitzen, von einer Vollendung, so daß weder in Deutschland, noch um wie viel weniger irgend wo sonst, neben ihnen von andern Uebersetzungen irgend eines Dichters die Rede seyn kann. Es sind dieses die Schlegelschen Uebersetzungen der Andacht zum Kreuz, des Dramas, über allen Zauber Liebe, und vornehmlich der Blume und der Schärpe. Es heißt wirklich nicht die Verdienste und das größte Talent des Uebersetzers herabwürdigen; es heißt vielmehr nur die ungewöhnliche Vortrefflichkeit dieser Uebersetzungen erklären, wenn man bemerkt, daß die inneren Genien der deutschen und spanischen Nation, und der beyden Sprachen, einander wo möglich eben so nahe verwandt und ähnlich sind, als ihre gegenwärtigen beyderseitigen Schicksale. Deshalb ist es uns Deutschen wohl anständig, alle Partheyrücksicht auf die gegenwärtige Form der Religion, der Verfassung und der Sitten in Spanien zu beseitigen, und vorzüglich Aufmerksamkeit, besonders Studium der Vorzeit und die herrlichen Monumente einer Nation zu wenden, die wahrlich nicht durch die Niederlande und Karl den 5ten allein, und einmal für immer mit uns in einer unmittelbaren Verbindung gewesen ist.[17]

There is a palpable sense of urgency in Müller's words: a call for unity in the face of French aggression, based on what he perceives to be shared linguistic, spiritual, and historical bonds. That this highly charged call is aligned with

---

17. *Adam Müllers vermischte Schriften über Staat, Philosophie und Kunst*, 2 vols (Vienna: Heubner und Volke, 1817), II, p. 212.

Müller's appreciation of Schlegel's translations serves to emphasize the political impetus behind the Romantic appreciation of Spanish culture. While Müller's stance, grounded in his own conviction as a Catholic convert and arch-conservative, was perhaps politically more extreme than that of many contemporaries, his words nevertheless serve to illustrate the ideological tensions with which Schlegel and others were confronted in their appreciation of Calderón's work. There may be a sense of discomfort in appreciating certain aspects of the culture of the Black Legend, but current political circumstance and prevailing aesthetic values combine to enable an overwhelmingly positive reception of Spain and her cultural heritage at a time of perceived national crisis.

Observing these developments throughout the first decade of the century was the most prominent early admirer of Schlegel's work on Spanish literature, Johann Wolfgang von Goethe. His correspondence with Schlegel began in 1797, just as the new generation of writers began to take note of Spain's literary heritage. Goethe had already shown great interest in the Schlegel-Tieck translation of Shakespeare, which began to appear in the same year, and he later staged a number of the English playwright's works at Weimar during the first two decades of the new century. It was natural, therefore, that Goethe would want to know more about Schlegel's emerging work on Spanish literature and the translation of Calderón. The heightened interest in Spain's literary heritage around the turn of the century had already attracted his attention when he wrote to Schlegel on 2 April 1800:

> Auch hätten wir gerne mehr von der spanischen Litteratur vernommen. Ein Land, das man selbst nicht mehr besuchen wird, hört man so gern von scharfsinnigen Reisenden beschrieben.[18]

His enthusiasm is further fuelled in October 1803 when he receives a copy of Schlegel's *Blümensträuße*, which he describes as 'Erscheinungen aus einer anderen Welt' (p. 47). In the same letter, he mentions for the first time Schlegel's work on Calderón and gives an early indication of his intentions for the playwright in relation to the Weimar stage, promising to let Schlegel see 'einige Scenen aus dem Calderón bey verschlossenen Thüren' (p. 47). As Hartmut Fröschle notes, what impressed Goethe most was 'das poetische Neuland' which Schlegel had uncovered, although his evaluation of the actual translations was not without criticism.[19] His reservations notwithstanding, Goethe's immediate response was, like that of many others, enthusiastic. The key role played in this by *Die Andacht zum Kreuze* is made clear in Schelling's report in a letter to Schlegel of a conversation with Goethe in October 1802, following the latter's receipt of a manuscript of Schlegel's translation:

18. *Briefe Schillers und Goethes an A. W. Schlegel aus den Jahren 1795–1801 und 1797 bis 1824*, ed by E. Böcking (Leipzig: Weidmann, 1846), p. 41. Further references appear in the text.
19. Hartmut Fröschle, *Goethes Verhältnis zur Romantik* (Würzburg: Königshausen und Neumann, 2002), p.164.

> Von dem spanischen Stück kann Goethe nicht aufhören zu reden. Wenn man Guido sehe, sagt er, so meyne man, daß niemand besser gemalt habe, wenn Raphaël, daß die Antike nicht besser sey. So mit dem Calderon: nicht nur Shakespear gleich, sondern, wenn es möglich wäre, ihm noch mehr zuzugestehen! — Unbegreiflicher Verstand in der Construction, Genie in der Erfindung. — Genug dismal kann man ihm nicht vorwerfen, daß er zu kalt lobt. Die Aufführung, meynte er, sey unmöglich, da es auf die Menge doch nur durch den Stoff wirkte, der als fremdartig, selbst schon durch die Freyheit, womit er behandelt sey, gerade den Protestanten anstößig sey. (p. 496)

If Schelling is to be taken at his word, then Goethe clearly shared Schlegel's enthusiasm for Calderón at this stage. Once again, the comparison with Shakespeare is key, this time tentatively placing Calderón above his English counterpart, although there is some concern surrounding the suitability for performance, given the overtly Catholic character of the work in relation, in particular, to the sensitivities of the predominantly Protestant Weimar audience.[20] Goethe's early affinity with the Schlegelian reading of Calderón in the European context emerges more clearly in his 'Anmerkungen' to *Rameaus Neffe*, which were written during the first decade of the century. In the text, there is a further comparison of Shakespeare and Calderón in terms which echo those found in Schlegel's own appraisal:

> Vor dem höchsten ästhetischen Richterstuhle bestehn sie untadelig, und wenn irgendein verständiger Sonderer wegen gewisser Stellen hartnäckig gegen sie klagen sollte, so würden sie ein Bild jener Nation, jener Zeit, für welche sie gearbeitet, lächelnd vorweisen und nicht etwa dadurch bloß Nachsicht erwerben, sondern deshalb, weil sie sich so glücklich bequemen konnten, neue Lorbeeren verdienen.[21]

Goethe highlights the national aspect and contemporary relevance of both playwrights in terms which take the critics to task for their lack of historical understanding, rather than the writers for their apparent idiosyncrasies, in an appreciation which bears all the hallmarks of Schlegel's Herderian approach. Such praise would, however, gradually be tempered as Goethe began to adopt a more critical stance. In 1822, in a short essay on Calderón's *La hija del aire* (*Die Tochter der Luft*, 1653), he attempts to analyse his own appreciation of Calderón, with an awareness that he may be acting against his own better judgement:

20. The misgivings voiced here about the feasibility of staging Calderón were in time overcome as Goethe's knowledge of the Spaniard's œuvre developed. He would go on to stage Calderón at Weimar in 1811, although by this time Goethe's preference had shifted to *Der standhafte Prinz*, a text which would better suit Protestant taste.
21. *Johann Wolfgang Goethe. Berliner Ausgabe*, ed by Siegfried Seidel, 22 vols (Berlin: Aufbau, 1970-78), XXI: *Kunsttheoretische Schriften und Übersetzungen. Übersetzungen I* (1977), p. 676.

> Zwar lassen wir uns oft von den Vorzügen eines Kunstwerks dergestalt hinreißen, daß wir das letzte Vortreffliche, was uns entgegentritt, für das Allerbeste halten und erklären; doch kann dies niemals zum Schaden gereichen: den wir betrachten ein solches Erzeugnis liebevoll um desto näher und suchen seine Verdienste zu entwickeln, damit unser Urteil gerechtfertigt werde. Deshalb nehme ich auch keinen Anstand zu bekennen, daß ich in der 'Tochter der Luft' mehr als jemals Calderóns großes Talent bewundert, seinen hohen Geist und klaren Verstand verehrt habe. Hiebei darf man den nicht verkennen, daß der Gegenstand vorzüglicher ist als ein anderer seiner Stücke, indem die Fabel sich ganz rein menschlich erweist und ihr nicht mehr Dämonisches zugeteilt ist, als nötig war, damit das Außerordentliche, Überschwengliche des Menschlichen sich desto leichter entfalte und bewege. Anfang und Ende nur sind wunderbar, alles übrige läuft seinen natürlichen Weg fort.[22]

As well as providing insight into Goethe's reception of a literary work, this also serves to highlight his shifting appreciation of Calderón since 1802. The initial enthusiasm for *Die Andacht zum Kreuze* is displaced as his knowledge of the writer broadens in order to find a more measured, less Romantic aspect to his work. In a further tempering of his original appreciation of Calderón, Goethe goes on to make a far more critical comparison with Shakespeare, whose standing remains intact when compared with the increasingly ambivalent reception of Calderón:

> Shakespeare reicht uns [. . .] die volle reife Traube vom Stock; wir mögen sie nun beliebig Beere für Beere genießen, sie auspressen, keltern, als Most, als gegornen Wein kosten oder schlürfen, auf jede Weise sind wir erquickt. Bei Calderón dagegen ist dem Zuschauer, dessen Wahl und Wollen nichts überlassen; wir empfangen abgezogenen, höchst rektifizierten Weingeist, mit manchen Spezereien geschärft, mit Süßigkeiten gemildert; wir müssen den Trank einnehmen, wie er ist, als schmackhaftes, köstliches Reizmittel, oder ihn abweisen. (p. 242)

Shakespeare's all-round appeal and consistency compares favourably with what Goethe regards as Calderón's overbearing and, at times, overwhelming style. This does not constitute an outright rejection of Calderón's work — Goethe still regarded him as one of the great playwrights — but it does point to an increasingly uncomfortable relationship with it. Emphasizing his praise for *Die Tochter der Luft*, Goethe goes on to explain why he now finds himself at odds with much of Calderón's œuvre:

> Denn leider sieht man in mehreren Stücken Calderóns den hoch- und freisinnigen Mann genötigt, düsterem Wahn zu frönen und dem Unverstand eine Kunstvernunft zu verleihen, weshalb wir denn mit dem Dichter selbst

---

22. Goethe. *Berliner Ausgabe*, XVIII: *Kunsttheoretische Schriften und Übersetzungen. Schriften zur Literatur II* (1972), pp. 240-1. Further references appear in the text.

in widerwärtigen Zwiespalt geraten, da der Stoff beleidigt, indes die
Behandlung entzückt; wie dies der Fall mit der 'Andacht zum Kreuze', der
'Aurora von Copacabana' gar wohl sein möchte. (p. 242)

Notable here is the overt criticism of *Die Andacht zum Kreuze*. This emphasizes the development of Goethe's reading of Calderón and the trajectory of *La devoción de la cruz* in that process. While it was the first play to draw Goethe's attention, it was not, in the end, the most influential in the development of Goethe's reception of Calderón. The very Romantic elements which had drawn the text to Schlegel's attention and inspired his translation, a work which in turn caught Goethe's imagination before it even appeared in print, were the self-same elements which would eventually force Goethe's rejection of the play and, indeed, provoke his overall ambivalent response to Calderón's work. That ambivalence manifests itself in his famous assessment of the Spaniard's likely impact on Schiller, recorded by Eckermann:

> Schillern aber wäre er [Calderón] gefährlich gewesen, er wäre an ihm irre geworden, und es ist daher ein Glück, daß Calderon erst nach seinem Tode in Deutschland in allgemeine Aufnahme gekommen. Calderon ist unendlich groß im Technischen und Theatralischen; Schiller dagegen weit tüchtiger, ernster und größer im Wollen, und es wäre daher schade gewesen, von solchen Tugenden vielleicht etwas einzubüßen, ohne doch die Größe Calderons in anderer Hinsicht zu erreichen.[23]

These comments underline Goethe's lasting appraisal of Calderón as a flawed genius, able to inspire but also lacking in constancy and gravity. This is not to say, however, that works such as *La devoción de la cruz* did not leave their mark on Goethe as a writer and thinker. Indeed, whereas Calderón's potential impact on Schiller remains conjecture, it has long been argued that there are clear traces of Calderón in Goethe's work. Contemporaries certainly observed an effect on the great man, Johanna Schopenhauer describing in vivid terms his reaction to Schlegel's draft translation of *El príncipe constante* in a letter to her son, Arthur, on 10 March 1807:

> Seit ein paar Abenden liest Goethe selbst bei mir vor, und ihn dabei zu hören und zu sehen ist prächtig. Schlegel hat ihm ein übersetztes Schauspiel von Calderon im Manuskripte geschickt; es ist Klingklang und Farbenspiel, aber er liest auch den Abend keine drei Seiten, sein eigener poetischer Geist wird gleich rege: dann unterbricht er sich bei jeder Zeile und tausend herrliche Ideen entstehen und strömen in üppiger Fülle, daß man alles vergißt und den Einzigen anhört.[24]

---

23. Johann Peter Eckermann. *Gespräche mit Goethe in den letzten Jahren seines Lebens. Erster und Zweiter Teil* (Berlin and Weimar: Aufbau, 1982), p. 137.
24. Johanna Schopenhauer, *Im Wechsel der Zeiten, im Gedränge der Welt. Jugenderinnerungen. Tagebücher. Briefe* (Munich: Winkler, 1986), p. 366.

While Johanna Schopenhauer's own view of Calderón is less positive, her letter amply illustrates the immediate impact of Schlegel's translation on Goethe, responding to the work as an impetus for his own creative processes. Such claims are, however, complicated by the fact that Goethe himself famously denied any such influence in conversation with Eckermann on 12 May 1825:

> Es kommt nur immer darauf an, [...] daß derjenige, von dem wir lernen wollen, unserer Natur gemäß sei. So hat zum Beispiel Calderon, so groß er ist und so sehr ich ihn bewundere, auf mich gar keinen Einfluß gehabt, weder im Guten noch im Schlimmen.[25]

Stuart Atkins draws attention to this statement, and then goes on to present a convincing case to the contrary, cataloguing in so doing Goethe's interactions with the work of the great Spanish dramatist as follows:

> Between 1802 and 1831 Goethe discussed or expressed admiration of Calderón in some twenty recorded conversations; paid tribute to his greatness in the notes to *Rameaus Neffe*; sketched a tragedy in the Calderonian manner; named him with Hafiz in the *West-östlicher Divan*; devoted an essay to his *Tochter der Luft*; had *Der standhafte Prinz Don Fernando von Portugal* performed eleven times, *Das Leben ein Traum* eleven, and *Die große Zenobia* two by the Weimar troupe; and repeatedly mentioned him favourably — on at least ten occasions with critical comment — in his correspondence. In addition to *Die Tochter der Luft* (actually two plays) and the three plays rehearsed and produced under his direction, Goethe also read (I list only those specifically mentioned by title in conversation or in writing, although it is certain that he read several more — plays printed in the same volume as ones mentioned by title) *Die Andacht zum Kreuz, Über allen Zauber Liebe, Die Schärpe und die Blume, Der wundertätige Magus,* und *Die Locken Absolons.* [26]

Listed in such a manner, it becomes clear to what extent Goethe did indeed engage with the work of Calderón both actively and passively, an engagement which was triggered by his reading of Schlegel's translation of *Die Andacht zum Kreuze* in 1803. Numerous scholars have attempted to trace the impact of that engagement in Goethe's literary work. For example, Atkins argues that *Faust: Der Tragödie zweiter Teil* (1832) owes a great deal in terms of genre, metre, and use of allegory to a reading of Calderón, claiming to find 'not simple imitation of the Calderonian manner, but adaptation of it to his own style'. That adaptation, according to Atkins, incorporates elements ranging from metre to stage settings to the 'supreme literary expression of the spirit of gallantry'.[27] Goethe's understanding of Calderonian polymetry and the evocation of the spirit of the

---

25. *Gespräche mit Goethe*, p. 137.
26. 'Goethe, Calderón and Faust: Der Tragödie zweiter Teil' in Stuart Atkins, *Essays on Goethe*, ed. by Jane K. Brown and Thomas P. Saine (Columbia, SC: Camden House, 1995), pp. 259–76 (pp. 260–61). The essay first appeared in the *Germanic Review*, 28 (1953), 83–98.
27. Atkins, pp. 262–3.

Golden Age reflect the impact of his first encounter with Calderón's work through Schlegel. Subsequent translators would pay less attention to both aspects, often reverting to prose and domesticating the text to suit the tastes of a broader German-speaking audience.

While Schlegel was no doubt delighted with the initial response from Weimar to Calderón and to his translation, he may not have realized at the time that this recognition would, rather perversely, have an impact on his own standing as an authority on Spain's literary heritage. Indeed, in terms of Goethe's later reception of Calderón, Schlegel is effectively relegated to the sidelines, replaced by Gries, whose edition of Calderón began to appear in 1815 with Goethe's unqualified support. Goethe saw Gries's project as an opportunity to improve on Schlegel's work. Gries took up the challenge and although attempting to create an improved translation, nevertheless held true to much of Schlegel's ethos, in particular in relation to the replication of metre. He did so with some success, consolidating in so doing the validity of the Schlegelian approach. Goethe was certainly impressed with what the new translator had managed to achieve, and in his essay on *Die Tochter der Luft* he explicitly thanks Gries in enthusiastic terms which clearly place his efforts above those of his predecessor:

> Diesen herzlichen Dank wollen wir Herrn Dr. Gries diesmal schuldig darbringen; er verleiht uns seine Gabe, bei der man sich durch Klarheit alsobald anzieht, durch Anmut gewinnt und durch vollkommene Übereinstimmung aller Teile uns überzeugt, daß es nicht anders hätte sein können oder sollen. (p. 243)

Goethe's words, while not attacking Schlegel directly, are clearly intended to criticize his work, if not the principles which underpinned it. This less positive appraisal of Schlegel's work as a translator emerges presumably from a more intensive engagement with the work of Calderón and is symptomatic of Goethe's somewhat ambivalent attitude to Schlegel as a scholar. Ironically, Goethe's early enthusiasm for Calderón can itself be seen to partially overshadow Schlegel's importance in the revivial of interest in the Spanish stage. This is illustrated by Johann Georg Keil's *Comedias de Calderón de la Barca* (1820–22), published in the original Spanish, which carries an ebullient dedication, not to Schlegel, but rather to Goethe. Keil's effusive outpouring compares Goethe to Calderón, positioning them both as national poets, and praises Goethe's efforts in staging Calderón in terms which depict the former as a pioneer in the reception of the Spanish stage. Interestingly, however, in so doing, Keil also evokes the core principles of the Schlegelian ethos, focussing on the mediation to a German audience of the 'matiz nativo' (native hue) and 'olor propio' (true scent) of the work.[28] Yet in all of this

---

28. *Las comedias, de D. Pedro Calderón de la Barca, cojetados con las mejores ediciones hasta ahora publicadas, corregidas y dadas á luz por J. J. Keil*, 3 vols (Leipzig: Brockhaus, 1820–22), I: [dedication — no page numbers given].

no reference is made to the translations which enabled Goethe to stage Calderón at Weimar, nor to Schlegel's contribution in placing Calderón at the heart of the literary debate of the previous twenty years. His role as mediator is simply elided from view.

Schlegel's own view of his role as a mediator of Spanish culture had itself moved on since the intense engagement of the early century. Responding to Wilhelm von Humboldt's praise for his translation of *El príncipe constante* following a performance Berlin in April 1824,[29] Schlegel seems surprisingly distant from the object of his previous enthusiasm:

> Ew. Excellenz haben mich sehr angenehm überrascht durch die günstige Erwähnung meines Calderóns, eines ehemaligen Lieblingsdichters, den ich seit langer Zeit zu ganz aus den Augen verlor, daß ich nicht einmal die Übersetzungen meiner Nachfolger, der Herren Gries und von Malsburg gelesen. Das Publikum scheint der Meynung zu seyn, daß sie es wenigstens eben so gut machen wie ich, wogegen ich auch nicht viel einzuwenden habe. (p. 175)

The apparent lack of interest in his successors seems incongruous for a scholar who was such an advocate of Calderón fifteen years earlier, especially given the continued impact of his translations and scholarly work. Indeed, in the early years he often encouraged others to engage in the German-language dissemination of Calderón's work. Writing to Gries in 1803, Schlegel urges others to become involved in exploiting what he clearly regarded as a rich seam of material:

> Wenn Sie mein 'Spanisches Theater' gesehen haben, so wird Ihnen einleuchtend geworden sein, daß man im Fach der poetischen Uebersetzungen unermüdlich arbeiten kann, ohne einander in den Weg zu kommen.[30]

Similar enthusiasm is conveyed in 1809, when he encourages the poet and playwright Helmina von Chézy to translate Calderón: 'Ich werde Sie gern zur Nachfolgerin haben.'[31] Indicating that this statement contained more intent than mere charm, he returns to the topic in a later letter:

> Zum Calderón muntre ich Sie in allem Ernste auf. Wären wir länger beysammen, so könnte ich Ihnen dabey nützlich werden; so aber weiß ich Ihnen nichts zu rathen, als daß Sie sich die Mühe nicht verdrießen lassen, die fünf von mir übersetzten Stücke sorgfältig mit dem Originale zu vergleichen. Auf diese Art werden Sie die Mängel gewahr werden, und auch die Kunstgriffe ablernen. Das leichteste wäre wohl, Sie fingen mit einem musikalisch-fantastischen Stücke an, etwa Echo und Narciß; alsdann sind die religiösen besonders zu empfehlen.[32]

---

29. *Briefwechsel zwischen Wilhelm von Humboldt und August Wilhelm Schlegel*, ed. by Albert Leitzmann (Halle a.d.S.: Niemeyer, 1908), p.166. Further references appear in the text.
30. *Briefe von und an August Wilhelm Schlegel*, I, pp. 157–58.
31. *Briefe von und an August Wilhelm Schlegel*, I, p. 241.
32. Ibid. p. 249. Chézy did in fact take up the challenge and provided versions or partial versions of three of Calderón's plays: *Liebesakademie* (1812), *Graf Lucanor* (1822) and *Der Geliebte als Gespenst* (1817/22), the last of these commissioned by Brühl for the Royal Theatre in Berlin.

The self-criticism expressed here may provide some insight into Schlegel's move away from translating Spanish literature; he was perhaps cognizant of the impossibility of the task he had set himself in attaining the high standards of translation outlined in his own theories. Writing to Humboldt in 1824, he notes, perhaps with a hint of self-critical irony, that Calderón's style 'muß freilich ausgedrückt werden, wenn das Bild ähnlich sein soll', noting also that '[w]ill man es aber zu ängstlich nachbilden, so entsteht leicht ein völliger Galimathias daraus' (p. 175). Yet, despite his own reservations and the loss of Goethe's patronage, Schlegel's work did remain highly influential with other translators of Calderón throughout the nineteenth century. His *Spanisches Theater* was often taken as a point of comparison or, at the very least, acknowledged as a groundbreaking endeavour as the century progressed, with many of Schlegel's successors making public their indebtedness to his work. The foreword to Malsburg's *Poetischer Nachlass und Umrisse aus seinem inneren Leben*, published a year after his death in 1825, contains the following intimate tribute to Schlegel's work:

> Still und heimlich hatte der Lehr- und Lernbegierige sich die Kenntniß der spanischen Sprache erworben, wozu die von uns so werth gehaltene Uebersetzung Calderóns von A. W. Schlegel ihm zuerst den Wunsch gegeben. Mit inniger Freude entdeckte er mir und unserer gemeinsamen Freunden, die Absicht, uns seine neu erworbenen Kenntnisse mitzutheilen, und mit gleicher Wärme ergriffen wir den Vorschlag, dem die Ausführung auf dem Fuße folgte.[33]

Malsburg succeeds in evoking Schlegel's early enthusiasm for Calderón and conveys the infectious nature of the early Romantic reception of his work. Such was the impact of this that by the mid-century Schlegel's status as a respected pioneer was fully established, despite the loss of prominence following the emergence of the Gries edition. This is highlighted in a letter from the publisher Ferdinand Dümmler, writing to Schlegel in June 1840 to enquire whether he would be interested in a new edition of *Spanisches Theater*.[34] Although Schlegel's response is not recorded, the request underlines the continued profile of his work and of Calderón. This is further evidenced in the 'Nachwort' to Eduard Böcking's 1845 edition of Schlegel's translations, where Böcking emphasizes the status of the Calderón translations by explaining that he has refrained from making unauthorized alterations because 'jener schlegelsche Vers bei Vielen fast eine sprichwörtliche Geltung erlangt [hat]'.[35] Böcking's assessment is proven as the century progresses. Productions and new editions of Schlegel's translations

---

33. *Ernst Friedrich Georg Otto's von der Malsburg Poetischer Nachlass und Umrisse aus seinem inner Leben von P. C.* (Kassel: Bohne, 1825), p. xv.
34. *Briefe von und an August Wilhelm Schlegel*, I, p. 541.
35. *Schauspiele von Don Pedro Calderon de la Barca. Übersetzt von August Wilhelm von Schlegel. Zweite Ausgabe besorgt von Eduard Böcking*, II, p. 399.

continue to emerge and his work is positioned alongside that of others historiographically as scholars begin to take stock of the age. This has the effect of foregrounding Schlegel, as the main translators of Calderón are often grouped chronologically. One example of this is Nicolaus Delius's foreword to the 'Supplementband' of Gries's major collection, in which also he bemoans the fact that the task of translating Calderón has remained incomplete, despite the best efforts of a number of high-profile translators:

> Den unermeßlichen reichen Schatz Calderónischer Poesie haben unsere deutschen Uebersetzer bisher nur zum kleineren Theil heben mögen; die besten unter ihnen, ein Schlegel, ein Gries, ein v. d. Malsburg versuchten, Jeder nach Maaßgaben seiner besonderen Neigung und Befähigung, ihr glänzendes Talent an einer geschmackvollen, aber doch immer beschränkten Auswahl vorzüglicher Dramen ihres Dichters, so daß selbst eine Zusammenstellung alles auf diesem Felde Geleisteten, eine Sammlung deutscher Bearbeitungen Calderónischer Stücke uns den Dichter in seiner Totalität nur ahnen, nicht erkennen lassen würde. Ein ganzer deutscher Calderón, vollständing und von einer Hand — wohl eine würdige Lebensaufgabe für den Berufenen! — ist ein Werk, das unserer übersetzungskündigen und übersetzungslüstigen Litteratur wohl nicht auf immer fehlen wird, das aber bis jetzt noch durch das Surrogat fortgesetzter Veröffentlichungen von gelungenen Einzelübertragungen ersetzt werden muß.[36]

Delius's reference to the varied approaches taken in producing the different editions of Calderón highlights the ongoing awareness of the debates around the translation of his work early in the century, which was fostered by Schlegel's initial break with tradition in 1803. The lasting relevance of those early translations is underlined by their continued publication, as illustrated by Friedrich von Schack's *Calderons ausgewählte Werke in drei Bänden. Uebersetzt von August Wilhelm Schlegel und J. D. Gries* (1882), a venture which further consolidated the grouping together of Schlegel with his successors. Schack singles out *Die Andacht zum Kreuze* for particular comment as a pioneering piece, emphasizing in so doing the extent to which the text had become synonymous with the Romantic reception of Calderón:

> Wie der 'Wunderthätige Magus' von Immermann auf die Düsseldorfer Bühne gebracht worden ist, so hatte schon weit früher der geistvolle Verfasser der 'Serapionsbrüder', Hoffmann, die 'Andacht zum Kreuz' auf dem von ihm geleiteten Theater zu Bamberg aufführen lassen. Das letztere Schauspiel wurde, nachdem A. W. Schlegel es übersetzt hatte, nicht nur von dessen Parteigenossen, sondern auch in weiteren Kreisen mit Jubelfanfaren begrüßt. Der besonnene Bouterwek stimmte insofern mit den Romantikern

---

36. Johann Dietrich Gries, *Schauspiele von Don Pedro Calderon de la Barca*, 2 ed., 9 vols (Berlin: Nicolai, 1840–50), IX: 'Vorwort', pp. v–xii (p. v).

überein, als er die Andacht zum Kreuze das sinnvollste und größte unter den religiösen Dramen der Spanier nannte.³⁷

Despite recognizing the significance of the work, Schack explains that he has not included it in his own selection, fearing that it would appear 'etwas fremdartig' (p. 32) to a contemporary readership. This is symptomatic of a broader shift in the reception of Calderón's work. Writing from the perspective of the late century Schack introduces a note of caution in respect of Calderón's continued fortunes on the German stage, noting that his work is in danger of slipping back into oblivion due to the fickle nature of intellectual and public taste, a phenomenon which he sees as a direct attack on the taste and discernment of Germany's greatest writers:

> Daß die Aesthetiker, Literaturhistoriker, sowie das Publikum bei ihrer Abneigung gegen dasjenige, was noch vor einem Menschenalter hochgefeiert wurde, nicht einer auf wirkliches Urteil gegründeten Ueberzeugung, sondern eben nur gedankenlos der Mode folgen, springt wohl in die Augen. Wären die Werke Calderóns, seiner Vorgänger und Zeitgenossen wirklich von so untergeordnetem Werte, wie viele behaupten, so müßten wir unseren großen Dichtern, wir müßten Goethe und Schiller, großen Dichter, die sich mit Bewunderung über dieselben ausgesprochen haben, jede Befähigung zum Urteile in literarischen Dingen aberkennen, wir müßten den feinen und geistvollen Kritikern der romantischen Schule den Vorwurf machen, sie hätten nichts von Poesie und Dramaturgie verstanden. Wäre jener ganze entzückte Rausch, in welchem die Gebildeten der deutschen Nation während meherer Dezennien den Dichtungen des Spaniers als den Offenbarungen eines hohen poetischen Genius lauschten, nur eine Halluzination gewesen, so müßten wir für möglich halten, daß auch die jetzige Generation bei ihrer Vergötterung Shakespeares sich nur in einer Art von Opiumtrunkenheit befinde, aus der sie später erwachen werde. (p. 5)

In Schack's view, then, to criticize Calderón is to criticize the great writers of Germany in an act of cultural treason. His work had become such an integral part of the cultural fabric of the early century that to dismiss it now would be to dismiss the legacy of that defining period. Schack's argument implicitly places Schlegel's work as a cultural mediator centre stage as the main conduit for a renewed appreciation of Calderón's work. Without his translations and, perhaps to a lesser degree, his critical appraisal, the literature of Golden Age Spain would have had less of an impact on the major writers and thinkers of his age. In the Schlegelian context, however, Schack's views, while appreciative, remain somewhat contradictory. Having praised the Romantic critics, he goes on to explain what he perceives to be Calderón's suitability for a German

---

37. *Calderons ausgewählte Werke in drei Bänden. Uebersetzt von August Wilhelm Schlegel und J. D. Gries*, ed. by F. von Schack, 3 vols (Stuttgart: Cotta, 1882), I, pp. 24–25. Further references appear in the text.

audience. He ascribes this to a lack of culture-specific traits which might otherwise impede appreciation in a non-Spanish audience, an assertion which contradicts the core of Schlegel's apotheosis, an apotheosis based on the cultural specificity of Calderón's work. Schack's views reflect the shifting aesthetic of a century grounded initially in an appreciation of cultural plurality but evolving, at a time of unprecedented social and ideological change, to negotiation of increasingly supranational ideals. The defensive nationalism of the Romantic age which located Calderón within a specifically national aesthetic has given way to a need to identify paradigms that can serve in an essentially global context.

Despite the changing aesthetic emphasis, Schlegel's impact as the first German translator of Calderón lasted well beyond the late century, with continuing references to his work as a pioneer. For example, in the introduction to his 1884 translation, Mettingh acknowledges Schlegel's role as the first to fully discover Calderón for a German readership,[38] and Otto Zoff, who staged *Die Andacht zum Kreuze* in 1925, presumably from Schlegel's translation, claims in an essay published the same year that '[s]oviel auch über Calderón gedacht und geschrieben wurde, es ist niemals mehr etwas Weiseres, Tieferes und Treffenderes gefunden worden, als es August Wilhelm Schlegel gesagt hat'.[39] Zoff's comments, written over a hundred years after the publication of Schlegel's work on Calderón, demonstrate the extent of his legacy as a cultural mediator between the German-speaking lands and Spain. His work in the first decade of the nineteenth century sparked a level of interest in the Golden Age stage the reverberations of which would continue to have an impact for years to come. As Ernst Behler notes, the impact of this would be felt well beyond the German canon:

> [D]uring the process of discovering Calderón, something essential happened to Calderón as well as to the German Romantics. Calderón's European reputation was virtually rescued from oblivion and obscurity during the seventeenth and eighteenth centuries, and for the first time, the German Romantics thrust him into the limelight and recognized him as one of the foremost representatives of world literature.[40]

The restablishment of Calderón's reputation, brought about in large measure by Schlegel's translation and critical work, not only enhanced the understanding of early modern Spanish literature, it also helped to establish a productive and

---

38. Freiherr von Mettingh, *Obras de Calderon de la Barca. Dramatische Dichtungen von Calderon de la Barca in wortgetreuer Uebersetzung* (Erlangen: Commissionsverlag der Universitätsbuchhandlung, 1884), p. 159.
39. Quoted in Ulrike Keller, *Otto Zoffs dramatische Werke. Vom Theater zum Hörspiel* (Munich: K. G. Saur, 1988), pp. 73–80.
40. Ernst Behler, 'The Reception of Calderón among the German Romantics' in *Studies in Romanticism*, 20 (1981), 437–460.

influential tradition of Hispanism in Germany and Austria which flourishes until the present day.

Note: Other than the editor's introduction, the title of Calderón's play has been rendered according to the Apontes edition used by Schlegel, which, following contemporary convention, capitalizes the word 'Cruz' as a mark of reverence.

La devoción de la Cruz
Comedia famosa

Personas que hablan en ella

Eusebio
Lisardo
Curcio, viejo
Octavio
Celio
Ricardo
Julia, Dama
Arminda, criada
Menga, villana, graciosa
Gil, villano, gracioso
Alberto
Vandoleros, y Villanos

Die Andacht zum Kreuze[1]

Personen:[2]

Eusebio
Curcio
Lisardo, dessen Sohn
Octavio, im Diensten Curcio's
Alberto, Bischof von Trident
Gil, ein Bauer
Blas, Tirso, Toribio, Bauern
Celio, Ricardo, Chilindrina, Räuber
Julia, Curcio's Tochter
Arminda, ihr Kammermädchen
Menga, eine Bäurin
Räuber und Bauern

Jornada I

Dicen dentro Menga, y Gil

Menga
¡Verà por dó válla burra!

Gil
¡Jò dimuño, jò mohina!

Menga
Yà verà por dò camina:
harre acá.

Gil
El diabro te aburra:
no hay quien una cola tenga,
pudiendo tenella mil?

Salen los dos.

Menga
Buena hacienda has hecho, Gil.

Gil
Buena hacienda has hecho, Menga,
que tù la culpa tuviste,
que como ibas cavallera,
que en el hoyo se metiera
al oìdo le dixiste
por hacerme regañar.

Menga
Por verme caer à mì
se lo dixiste, esso sí

Gil
Còmo la hemos de sacar?

Menga
Pues en el lodo la dexas?

Gil
No puede mi fuerza sola.

Menga
Yo tirarè de la cola;
tira tù de las orejas.

Erster Akt

Wilde Waldgegend[3]
Menga und Gil hinter der Szene

Menga
Seht, wohin der Esel rennt!

Gil
He, verwettert altes Vieh![4]

Menga
Er geht mit mir durch, sieh, sieh!
Holla ho!

Gil
Potz Element!
Wenn ich einen Fußbreit weiche,
Thut das Thier gleich, was er will.[5]

Sie treten auf.

Menga
Das sind schöne Streiche, Gil.

Gil
Menga, das sind schöne Streiche.
Aber du bist Schuld an allem:
Denn du hast, wie du der Quer
Auf ihm saßest, ihm vorher
Zugeraunt, ins Loch zu fallen,
Um den Possen mir zu thun.

Menga
Nicht doch, du hast's ihn geheißen,
Wollt'st mich sehn hinunter schmeißen.

Gil
Aber was zu machen nun?

Menga
Willst im Koth ihn stecken lassen?

Gil
Ja, ich bin zu schwach dazu.

Menga
Zieh nur an den Ohren du,
Ich will ihn beym Schwanze fassen.

Gil
Mejor remedio serìa
hacer el que aprovechó
à un coche, que se atascò
en la Corte essorto día.
Este coche, Dios delante
que arrastrado de dos potros,
parecìa entre los otros
pobre coche vergonzante.
Y por maldicion muy cierta
de sus padres, (hado esquivo),
iba de estrivo en estrivo,
yà que no de puerta en puerta:
en un arroyo atascado;
con ruegos el Cavallero,
con azotes el cochero,
yà por fuerza, yà por grado,
yà por gusto, yà por miedo,
que saliessen procuraban:
por recio que lo mandaban,
mi coche quedo que quedo.
Viendo que no importa nada
quantos remedios hicieron,
delante el coche pusieron
un arnero de cebada.
Los cavallos, por comer,
de tal manera tiraron,
que tosieron, y arrancaron,
y esto podemos hacer.

Menga
Que nunca valen dos quartos
tus cuentos!

Gil
Menga, yo siento
vèr un animal hambriento,
donde ay animales hartos.

Menga
Voy al camino à mirar
si passa de nuestra Aldea
gente, qualquiera que sea,

Gil
Besser ginge das wohl an,
Was man einer Kutch' im Koth,
Ihr zu helfen aus der Noth,
In der Residenz gethan.
Kaum geschleppt von ihren Rossen,
Sah die abgelebte, arme
Kutsche, daß es Gott erbarme,
Aus im Zuge des Carossen;
Und zur Strafe sünd'ger Thaten
Mußte sie, bis an die Tritte,
Wo nicht an der Räder Mitte,
In ein Pfützenloch gerathen.
Bey dem Unfall alsobald
Cavalier und Kutcher trieben,
Der mit Bitten, der mit Hieben,
Bald mit Güt' und mit Gewalt,
Fortzukommen aus dem Drecke.
Aber was sie auch versuchten,
Wie sie schalten, wie sie fluchten,
Ging mein Wagen nicht vom Flecke.
Als sie sahn, daß nichts verfinge,
Ward den klapperdürren Mähren,
Was sie lang gemußt entbehren,
Eine volle Futterschwinge
Vor der Kutsche hingesetzt;
Die, die sie den Fraß erreichten,
Zugen, husteten und keichten:
Machen wir es auch so jetzt. [6]

Menga
Die Geschichten, die du hast,
Sind nichts wert.[7]

Gil
    Mir thut es wehe,
Wenn ich Vieh so hungrig sehe,
Denn es sind doch Menschen fast.[8]

Menga
Ich will auf die Straße gehen;
Seh ich Leut' aus unserm Ort,
Wer es sey, vorbeygehn dort,

porque te venga à ayudar,
pues te dàs tan pocas mañas.

Gil
Buelves, Menga, à tu porfia?

Menga
Ay burra del alma mía!

  Vase.

Gil
Ay burra de mis entrañas!
Tù fuiste la mas honrada
burra de toda la Aldea;
que no ha avido quien te vea
nunca mal acompañada:
No eras nada callejera,
de mejor gana te estabas
en tu pesebre, que andabas,
quando te llevaban fuera.
Pues altanera, y liviana,
bien me atrevo à jurar yo,
que ningun burro la vio
assomada á la ventana.
Yo sè que no merecia
su lengua desdicha tal,
pues jamàs para habrar mal
dixo, aquesta boca es mía.
Pues como áella le sobre
de lo que comiendo està,
luego al punto se lo dá
à alguna borrica pobre.

Dentro ruido
Mas què ruido es este? alli
de dos cavallos se apean
dos hombres, y àzia mì vienen,
despues que atados los dexan.
Descoloridos, y al campo
de mañana? cosa es cierta,
que comen barro, ò están
opilado: mas si fueran
Vandoleros, aquí es ello:

Ruf' ich sie, uns beyzustehen,
Denn du kümmerst dich ja nicht.

Gil
Bleibst du noch auf deinem Sinn?

Menga
Ach du Herzens-Eselin!

ab

Gil
Eselin, mein Heil und Licht!
Hoch warst du im Dorf geehrt
Unter allen Eselinnen;
Du hast, züchtig von Beginnen,
Nie mit schlechtem Volk verkehrt.
Pflastertreten war dein Fall
Gar nicht, lieber standest du
An der Kripp' in guter Ruh.
Als zu wandern aus dem Stall.
Ja ich darf mich wohl erdreisten,
Daß kein Esel sie gesehn
Buhlerisch am Fenster stehn,
Einen hohen Schwur zu leisten.
Sicher war's auch nicht die schlimme
Zunge, was ihr Noth gebracht,
Denn nie, rauh und ungeschlacht,
Ließ sich hören ihre Stimme.
Bey der Mahlzeit sah die armen
Brüder ich sie oft bedenken,
Was ihr übrig blieb, verschenken,
Und sich ihres Vieh's erbarmen.

Geräusch hinter der Szene
Aber welch ein Lärm ist das?
Zwey dort steigen von den Pferden.
Die sie angebunden lassen
Stehn, und sich hiehwärts wenden.
Bleich und blaß, und doch so früh
Schon im freyen Feld? Ich wette,
Daß sie viel Bewegung brauchen
Zum Verdaun. Wenn's Räuber wären?
Dann wär' ich schön angekommen.

pero lo que fuere sea,
aqui me escondo, que andan,
que corren, que salen, que entran.

Escondese, y salen Lisardo y Eusebio

Lisardo
No passemos adelante,
porque esta estancia encubierta
y apartado del camino,
es para mi intento buena:
sacad, Eusebio, la espada,
que yo de aquesta manera
à los hombres como vos
saco a reñir.

Eusebio
    Aunque tenga
bastante causa en aver
llegado al campo, quisiera
saber lo que à vos os mueve.
decid, Lisardo, la quexa
que de mi tenéis.

Lisardo
    Son tantas
que falta voz à la lengua,
razones á la razón,
y al sufrimiento paciencia.
Quisiera, Eusebio, callarlas,
y aun olvidarlas quisiera;
porque cuando se repiten
hacen de nuevo la ofensa.
Conoceis estos papeles?

Eusebio
Arrojadlos en la tierra,
los alzarè.

Lisardo
    Tomad
què os suspendéis? què os altera?

Doch ich will mich hier verstecken,
Sey es, was es will; denn schon
Sitzen sie mir auf den Fersen.[9]

Er verbirgt sich.
Lisardo und Eusebio treten auf

Lisardo
Seyn wir nun nicht weiter abwärts;
Denn hier die versteckte Gegend,
Abgelegen von der Straße,
Paßt sich gut zu unserm Zwecke.[10]
Ziehe den Degen jetzt, Eusebio:
Das ist meine Weise, Menschen
Wie ihr seyd, herauszufodern.

Eusebio
Daß ich hier im Feld' euch treffe,
Kann mir zwar als Grund genügen,
Aber dennoch wüßt' ich gerne,
Was zu diesem Schritt euch treibt.
Sagt, Lisardo, die Beschwerden
Wider mich.

Lisardo
      Es sind so viele,
Daß der Zunge Stimme fehlet,
Worte meinen Vorstellungen,
Und Geduld dem innern Schmerze.
Gern, Eusebio, wollt' ich schweigen,
Wollt' es gern sogar vergessen;
Denn wenn ich es wiederhohle,
So erneut sich, was mich kränket.
Kennt ihr die Papiere hier?

Eusebio
Werft sie nieder auf die Erde,
Und ich heb' sie auf.

Lisardo
      Da nehmt.
Was erregt euch solchen Schrecken?[11]

Eusebio
Mal haya el hombre, mal haya
mil vezes aquel que entrega
sus secretos à un papel,
porque es disparada piedra,
que se sabe quien la tira,
y no se sabe à quien llega.

Lisardo
Aveislos yà conocido?

Eusebio
Todos estàn de mi letra,
que no la puedo negar.

Lisardo
Pues yo soy Lisardo, en Sena,
hijo de Lisardo Curcio;
bien escusadas grandezas
de mi padre, consumieron
en breve tiempo la hacienda
que los suyos le dexaron,
que no sabe quanto yerra
quien, por excessivos gastos,
pobres à sus hijos dexa:
Pero la necessidad,
aunque ultrage la nobleza,
no excusa de obligaciones
à los que nacen con ellas.
Julia, pues, (saben los Cielos
quànto en nombrarla me pesa),
ò no supo conservarlas,
ò no llegò à conocerlas.
Pero al fin, Julia es mi hermana,
plugiera à Dios no lo fuera,
y advertid que no se sirven
las mugeres de sus prendas
con amorosos papeles,
con razones lisonjeras,
con ilicos recados,
ni con infames terceras.
No os culpa en el todo à vos,
que yo confiesso que hiciera

Eusebio
Wehe dem, der sein Geheimniß
Dem Papiere vertraut, ja wehe
Tausendmal ihm! Denn die Schrift
Ist ein Stein, den aus den Händen
Aufs Gerathewohl man schleudert,
Und nicht weiß, wen er kann treffen.

Lisardo
Kennt ihr sie genugsam wieder?

Eusebio
Ja, ich muß es eingestehen
Alle sind von meiner Hand.

Lisardo
Wohl, ich bin ein Sieneser,
Des Lisardo Curcio Sohn
Meines Vaters ungemeßner
Aufwand, hatt' in kurzem Zeitraum
Das Vermögen aufgezehrt,
Das ihm seine Väter ließen;
Der weiß nicht, wie sehr er fehlet,
Wer die Kinder bringt in Armuth
Durch unmäßiges Verschwenden.
Doch die Noth, ob sie den Adel
Schon erniedrigt, kann diejen'gen
Von Verpflichtungen nicht lösen,
Die damit gebohren werden.
Julia nun (der Himmel zeuge
Wie's mir schwer fällt, sie zu nennen!)
Wußte diese nicht zu achten.
Oder wollte sie nicht kennen.
Julia, wollte Gott, sie wär's nicht!
Aber sie ist meine Schwester;
Und gesteht, daß man um Frauen
Ihres Ranges nicht darf werben,
Weder durch verliebte Briefe,
Noch durch schmeichlerische Reden,
Noch mit schnöden Kupplerinnen
Und verdächt'gem Botschaftsenden.
Euch geb' ich an sich nicht Schuld,[12]
Denn ich macht' es selbst, bekenn' ich,

lo mismo, a darme una dama
para servirla licencia:
pero culpoos en la parte
de ser mi amigo, y en esta
con mas culpa os comprehende
la culpa que tuvo ella.
Si mi hermana os agradò
para muger, que no era
possible, ni yo lo creo,
que os atrevierais à verla
con otro fin, ni aun con este;
pues vive Dios que quisiera
antes, que con vos casada.
mirarla à mis manos muerta.
En fin, si vos la eligisteis
para muger, justo fuera
descubrir vuestros deseos
à mi padre, antes que à ella.
Este era termino justo,
y entonces mi padre viera
si le estaba bien el darla,
que pienso que no os la diera:
porque un Cavallero pobre,
quando en cosas como estas
no puede medir iguales
la calidad, y la hacienda,
por no deslucir su sangre
con una hija doncella,
hace sagrado un Convento,
que es delito la pobreza.
Aqueste à Julia mi hermana
con tanta prisa la espera,
que mañana ha de ser Monja,
por voluntad, ò por fuerza.
Y porque no serà bien
que una Religiosa tenga
prendas de tan loco amor
y de voluntad tan necia,
à vuestras manos las buelvo,
con resolucion tan ciega,
que no solo he de quitarlas,
mas tambien la causa dellas:

Auch so, wenn mir eine Dame,
Ihr zu dienen, Freyheit gäbe.
Doch ich geb' euch Schuld, als meinem
Freunde sonst, und dieserwegen
Fällt auf euch die Schuld gedoppelt,
Die sie konnt' um euch begehen.
Wenn sie euch als Gattin anstand,
Und nicht möglich wär's gewesen,
Und ich glaub's nicht, daß in andrer
Absicht ihr euch, sie zu sehen,
Unterfingt, noch selbst in dieser, —
Denn bey Gott im Himmel, eher
Als mit euch verbunden, wollt' ich
Sie von meiner Hand sehn sterben; —
Kurz, wenn ihr sie denn zur Gattin
Auserkohrt, so war der rechte
Weg, zuvörderst meinem Vater
Zu eröffnen eur Begehren.
Also hätt' es sich gebührt,
Und dann konnt', er überlegen,
Ob er sie euch geben wollte,
Was er nicht that, wie ich denke.
Denn ein armer Edelmann,
Wenn er in dergleichen Fällen
Seinen Rang und seine Mittel
Nicht mit gleichem Maß kann messen,
Um nicht durch die led'ge Tochter
Seines Blutes Glanz zu schwächen:
Wählt die Zuflucht eines Klosters;
Ist doch Armuth ein Verbrechen.
Dieß erwartet denn in solcher
Eile Julien, meine Schwester,
Daß sie morgen Nonne, willig
Oder mit Gewalt, soll werden,
Und, weil sich's nicht ziemen würde,
Daß die fromme Ordensschwester
Aufbewahrte solcher Thorheit,
So verkehrter Liebe Pfänder:
Geb' ich jetzt in eure Hand sie,
Aber blind entschlossen strebend,
Nicht bloß jene zu vertilgen,
Sondern auch den Grund derselben.

Sacad la espada, y aqui
el uno de los dos muera;
vos, porque no la sirvais;
ò yo, porque no lo vea.

Eusebio
Tened, Lisardo, la espada,
y pues yo he tenido flema
para oìr desprecios míos,
escuchadme la respuesta;
y aunque el discurso sea largo
de mi sucesso, y parezca
que estando solos los dos,
es demasiada paciencia,
pues que yà es fuerza reñir,
y morir el uno es fuerza,
por si los Cielos permiten,
que yo el infelice sea,
oid prodigios que admiran,
y maravillas que eleven,
que no es bien que con mi muerte
eterno silencio tengan.
Yo no sé quien fue mi padre,
pero sè que la primera
cuna fue el pie de una Cruz,
y el primer lecho una piedra.
Raro fue mi nacimiento,
segun los Pastores cuentan,
que desta suerte me hallaron
en la falda de essas sierras.
Tres dias dicen que oyeron
mi llanto, y que à la aspereza
donde estaba no llegaron
por el temor de las fieras,
sin que alguna me ofendiesse;
pero quièn duda que era
por respeto de la Cruz
que tenía en mi defensa?
Hallòme un pastor, que acaso
buscò una perdida oveja
en la aspereza del monte,
y trayendome a la Aldea

Zieht den Degen drum, es muß hier
Einer von uns beyden sterben,
Ihr, um nicht um sie zu buhlen,
Oder ich, daß ich's nicht sehe.

Eusebio
Haltet inne noch, Lisardo,
Und da ich die Ruh besessen
Meine Schmach zu hören, müßt ihr
Meine Antwort auch vernehmen.
Ist gleich die Erzählung lang
Von dem Laufe meines Lebens,
Scheinet, da wir zwey allein sind,
Die Geduld gleich übermäßig,
Weil es jetzt nothwendig, daß wir
Fechten, und daß einer sterbe:
Auf den Fall, daß mich der Himmel
Will das Unglück lassen treffen,
Hört erstaunenswürd'ge Zeichen,
Wunderdinge zum Entsetzen,
Welche nicht mit meinem Tode
Darf ein ewig Schweigen decken.
Wer main Vater war, das weiß ich
Nicht, ich weiß nur, daß die erste
Wieg' am Fuße eines Kreuzes
War, ein Stein mein erstes Bette.
Eine seltsame Geburt
War die mein'ge, nach der Schäfer
Sage, wie sie mich gefunden
Hier am Fuße dieser Berge.
Man vernahm mein Schreyn drey Tage,
Ohne daß der rauhen Gegend,
Wo ich lag, wer nahen wollte,
Weil die wilden Thiere schreckten.
Keines that mir dennoch leides;
Wer kann zweifeln, daß zu Ehren
Dieß geschehen sey dem Kreuz,
Welches dastand mir zur Wehre?
Ungefähr fand mich ein Hirte,
Der in rauher Berges-Gegend
Ein verlohrnes Lamm auffsuchte;
Und mich mit zum Dorfe nehmend

de Eusebio, que no sin causa
estaba entonces en ella,
le contò mi prodigioso
nacimiento, y la clemencia
del Cielo asistiò à la suya:
mandó, en fin, que me traxeran
à su casa, y como à hijo
me diò la crianza en ella.
Eusebio soy de la Cruz,
por su nombre, y por aquella
que fue mi primera guia
y fue mi guarda primera.
Tomè por gusto las armas,
por passatiempo las letras,
muriò Eusebio, y yo quedè
heredero de su hacienda.
Si fue prodigioso el parto,
no lo fue menos la estrella,
que enemiga me amenaza,
y piadosa me reserva.
Tierno infante era en los brazos
del ama, quando mi fiera
condicion, barbara en todo,
diò de sus rigores muestra;
pues con solas las encias,
no sin diabolica fuerza,
partì el pecho de quien tuve
el dulce alimento, y ella,
del dolor desesperada
y de la colera ciega,
en un pozo me arrojò,
sin que ninguno supiera
de mì: Oyéndome reir,
baxaron à èl, y cuentan
que estaba sobre las aguas,
y que con las manos tiernas
tenia una Cruz formada,
y sobre los labios puesta.
Un dia que se abrasaba
la casa, y la llama fiera
cerraba el passo á la vida,
y à la salida la puerta,

Des Eusebio, welcher grade
Nicht ohn' einen Grund da lebte,
Meldet' er ihm dieses Wunder;
Darauf unterstützte dessen
Milde die des Himmels willig;
Er befahl, daß man mich brächte
In sein Haus, wo er Erziehung
Mir wie seinem Sohn ließ geben.
Drum Eusebio von dem Kreuz
Nenn' ich mich, nach ihm und jenem,
Das mich allerst geleitet,
Und bewacht zum allerersten.
Aus Geschmack übt' ich die Waffen,
Wissenschaften zum Ergetzen,
Als Eusebio starb, und mich
Hinterließ als seinen Erben.
War nun die Geburt voll Wunder,
War es mein Gestirn nicht wen'ger;
Das mich feindlich oft bedrohet,
Und mich doch mitleidig pfleget.
Noch ein zartes Kind im Schooße
Meiner Amme, gab mein Wesen
Rauh in allem und barbarisch,
Zeichen schon von ihrer Härte.
Denn mit teuflischer Gewalt
Riß ich, wiewohl ohne Zähne,
Wunden in die Brüste, die mir
Süße Nahrung boten; jene,
Durch den Schmerz in Wuth gerathen,
Und von ihrem Zorn geblendet,
Stürzte mich in einen Brunnen,
Ohne daß ein Mensch was merkte.
Da hört man mich lachen, steigt
Drin herab, und sie erzählen
Daß ich auf dem Wasser schwamm,
Und mit meinen zarten Händen
Mir ein Kreuz gebildet hatte,
Das die Lippen mir bedeckte.
Eines Tages gerrieth die Wohnung,
Wo ich war, in Brand; es wehrten
Wilde Flammen jeden Ausgang.
Jede Rettung meinem Leben;

entre las llamas estuve
libre, sin que me ofendieran:
y advertì despues, dudando
que aya en el fuego clemencia,
que era dia de la Cruz.
Tres lustros contaba apenas,
cuando por el mar fui à Roma,
y en una brava tormenta,
desesperada mi nave
chocò en una oculta peña;
en pedazos dividida,
por los costados abierta:
abrazado de un madero
salí venturoso à tierra;
y este madero tenía
forma de Cruz. Por las sierras
de essos montes caminaba
con otro hombre, y en la senda
que dos caminos partia,
una Cruz estaba puesta:
En tanto que me quedè
haciendo oracion en ella,
se adelantò el compañero;
y despues aándome priessa
para alcanzarle, le hallè
muerto à las manos sangrientas
de vandoleros. Un dia,
riñendo en una pendencia,
de una estocada caì,
sin que hiciesse Resistencia,
en la tierra, y quando todos
pensaron hallarla ajena
de remedio, solo hallaron
señal de la punta fiera
en una Cruz que traìa
al cuello, que en mi defensa
recibiò el golpe. Cazando
una vez por la aspereza
deste monte, se cubriò
el Cielo de nubes negras,
y publicando con truenos
al mundo espantoso guerra,

Doch inmitten dieser Flammen
Blieb ich frey und unverletzet,
Und bezweifelnd, daß im Feuer
Solch Milde sey, bemerkt' ich
Bald, es war das Fest des Kreuzes.
Als ich fünfzehn Jahr kaum zählte,
Reiste ich zur See nach Rom,
Und in einem stürm'schen Wetter
Stieß mein Schiff, das ohne Lenkung
Schwankte, auf verborgne Felsen,
Ward in Stücke bald zertrümmert,
Und zerscheitert von den Wellen.
Ich umarmte einen Balken,
Und kam glücklich so an's feste
Land, und dieser Balken hatte
Die Gestalt des Kreuzes. Ferner
Wandert' ich einst im Gebirge
Hier mit jemand; an der Stelle
Wo der Weg in zwey sich theilte,
Stand ein Kreuz: da unterdessen,
Daß ich davor stehen blieb
Einen Augenblick zu beten,
Mein Begleiter schon voraus war,
Eilt' ich, ihn noch in der Nähe
Einzuholen, doch ich fand
Schon von blut'gen Räuberhänden
Ihn ermordet. Eines Tages
Als, verstrickt in ein Gefechte,
Ich von einem Stoße fiel
Ohne Widerstand zur Erde,
Und ein jeder glaubt', ich sey
Von der Wunde nicht zu retten,
Fanden sie an einem Kreuze
Das am Hals mir hing, des Degens
Scharfe Spuren bloß bezeichnet,
Und den Streich so abgewehret.
Einstmals, da ich auf die Jagd ging
In der Wildniß dieser Berge,
Hatte sich der Himmel plötzlich
Schwarz mit Wolken überdecket,
Und, der Welt mit lauten Donnern
Fürchterlichen Krieg anmeldend,

lanzas arrojaba en agua,
balas disparaba en piedras.
Todos hicieron las hojas
contra las nubes defensa,
siendo yá tiendas de campo
las mas ocultas malezas;
y un rayo, que fue en el viento
caliginoso cometa,
bolviò en ceniza à los dos
que de mì estaban mas cerca.
Ciego, turbado y confuso
buelvo à mirar lo que era,
y hallè à mi lado una Cruz,
que yo pienso que es la mesma
que asistiò à mi nacimiento,
y la que yo tengo impressa
en los pechos; pues Cielos
me han señalado con ella
para pùblicos efetos
de alguna cosa secreta:
Pero aunque no sè quien soy,
tal espiritu me alienta,
tal inclinacion me anima,
y tal animo me fuerza,
que por mì me dà valor
para que à Julia merezca,
porque no es mas la heredera,
que la adquirida nobleza.
Este soy, y aunque conozco
la razon, y aunque pudiera
dar satisfaccion bastante
à vuestro agravio, me ciega
tanto la passion de veros
hablando de essa manera,
que ni os quiero dàr disculpa,
ni os quiero admitir la quexa.
Y pues queries estorvar
que yo su marido sea,
aunque su casa la guarde,
aunque un Convento la tenga,
de mì no ha de estar segura;
y la que no ha sido buena

Schoß er ab des Hagels Kugeln,
Schleuderte des Wassers Speere
Alle suchten vor den Wolken
Sich ein Obdach unter Blättern;
Die geheimsten Schlüfte dienten
Rings umher schon zu Gezelten,
Als ein Blitz, der auf den Winden
Fuhr, gleich dunstigen Kometen,
Zwey, die mir am nächsten stunden
Schnell zu Asche niederbrennte.
Außer mir, betäubt, erschrocken,
Schau' ich um mich, was es wäre,
Und fand mir zur Seit' ein Kreuz.
Was ich glaub', es war dasselbe,
Das bey der Geburt mir beystand,
Das ich, auf die Brust gepräget,
An mir trage, weil der Himmel
Mir dieß Zeichen mitgegeben,
Als die offenbare Wirkung
Von geheim verborgnen Zwecken.
Weiß ich nun schon nicht, woher ich
Bin, doch fühl ich solch ein Streben,
Mich von solchem Geist getrieben,
Und von solchem Muth beseelet,
Daß es mich in meinen Augen
Werth macht, Julien zu erwerben;
Denn der Adel des Verdienstes
Steht nicht nach dem angeerbten.
Der bin ich, und ob ich schon
Euer Recht muß anerkennen,
Und hinlänglich für die Kränkung
Euch genugthun könnte, blendet
Mich so sehr der Zorn, von euch
Anzuhören solche Reden,
Daß ich mich nicht will entschuld'gen
Noch die Klage lassen gelten,
Und, weil ihr mich denn verhindern
Wollt, ihr Ehrgemahl zu werden,
Bleibe sie in Vaters Hause,
Mag in Kloster sie verstecken,
Nirgends ist sie vor mir sicher,
Und sie, die zu gut gewesen

para muger, lo serà
para Dama, assi desea,
desesperado mi amor,
y ofendida mi paciencia,
castigar vuestro desprecio,
y satisfacer mi afrenta.

*Sacan las espadas, y riñen y Lisardo cae en el suelo,
y procurando levantarse, y torna à caer.*

Lisardo
Eusebio, donde el azero
ha de hablar, calle la lengua.
Herido estoy.

Eusebio
    Y no muerto?

Lisardo
No, que en los brazos me queda
aliento para . . . ay de mí!
faltò à mis plantas la tierra

Eusebio
Y falte à tu voz la vida.

Lisardo
No me permitas que muera
sin confession

Eusebio
Muere, infame.

Lisardo
No me mates, por aquella
Cruz en que Christo muriò

Mir zum Weibe, solls nicht seyn
Zur Geliebten, so begehrt es
Meine Liebe in Verzweiflung,
Und, empört bey eurem Schmähen,
Die Geduld, den Hohn zu ahnden,
Die Beleidigung zu rächen.

Lisardo
Laßt, Eusebio, da die Zunge
Schweigen, wo das Schwerdt muß reden.

Sie ziehn und fechten.[13]
Eine Wunde —

Er fällt zu Boden.

Eusebio
    Und nicht tödlich?

Lisardo
Nein, mein Arm behält noch Kräfte,
Um —

    Er will sich aufraffen, fällt aber wieder zu Boden.

  Weh mir! der Boden schwindet
Unter meinem Fuß.

Eusebio
    Der letzte
Athem schwind' auch deiner Stimme.

Lisardo
Gieb nicht zu, daß ich so sterbe
Ohne Beichte.

Eusebio
    Stirb, Verruchter!

Lisardo
Bringe mich nicht um, bey jenem
Kreuz, an welchem Christus starb!

Eusebio
Aquesta voz te defienda
de la muerte, alza del suelo,
que quando por ella ruegas,
falta rigor à la ira,
y falta à los brazos fuerza:
Alza del suelo.

Lisardo
No puedo,
porque yà en mi sangre embuelta
voy despreciando la vida,
y el alma pienso que espera
à salir, porque entre tantas
no sabe qual es la puerta.

Eusebio
Pues fiate de mis brazos,
y animate, que aqui cerca
de unos penitentes Monges
ay una Ermita pequeña,
donde podràs confessarte
si vivo à sus puertas llegas.

Lisardo
Pues yo te doy mi palabra,
por essa piedad que muestras,
que si yo merezco verme
en la divina presencia
de Dios, pedirè que tù
sin confessarte no mueras.

> *Llevale en brazos, y sale Gil de donde estaba escondido, y por otra parte Bras, Tirso, Menga Toribio.*

Gil
Han visto lo que debe!
la caridad està buena;
pero yo se la perdono.
matarle, y llevarle a cuestas!

Toribio
Aqui dices que quedaba?

Eusebio
Dieses Wort hat abgewendet
Deinen Tod: steh auf vom Boden!
Denn sobald du dabey stehest,
Fehlt die Strenge meinem Zorne,
Fehlet meinem Arm die Stärke.
Steh vom Boden auf!

Lisardo
 Ich kann nicht,
Schon acht' ich gering das Leben,
Das im eignen Blute schwimmt,
Und es zögert nur die Seele
Zu entfliehn, weil aus so vielen
Sie das rechte Thor nicht kennet.

Eusebio
So vertrau dich meinen Armen,
Fasse Muth! hier in der Nähe
Muß von bußbeflißnen Mönchen,
Eine kleine Klause stehen;[14]
Allda kannst du beichten, wenn du
Lebend kommst an ihre Schwelle.

Lisardo
Nimm mein Wort für dies Erbarmen,
Was du mir erzeigst, daß, wenn ich
Würdig werde, vor des höchsten
Gottes Angesicht zu treten,
Ich erbitten will, daß du
Nicht magst ohne Beichte sterben.

 Eusebio trägt ihn in seinen Armen fort,
 Gil kommt aus dem Schlupfwinkel hervor.

Gil
Seht, der hat von Dank zu sagen!
Aber ich wollt' ihm sie schenken,
Solche schöne Liebesdienste:
Schlägt ihn todt, und wird sein Träger!

 Menga, Blas, Tirso und Toribio kommen von der andern Seite.

Toribio
Hier, sagst du, sey er geblieben?

Menga
Aqui se quedò con ella.

Tirso
Mirale alli embelesado.

Menga
Gil, què mirabas?

Gil
Ay Menga!

Tirso
Què te ha sucedido?

Gil
Ay Tirso!

Toribio
Què viste? Danos respuesta.

Gil
Ay Toribio!

Blas
Di, què tienes,
Gil, ù de què te lamentas?

Gil
Ay Bras! ay amigos mios!
no lo sè mas que una bestia:
matòle y cargò con èl,
sin duda à salar le lleva.

Menga
Quièn le matò?

Gil
Què sè yo?

Tirso
Quièn muriò?

Gil
No sè quien era.

Toribio
Quièn cargò?

Menga
Ja, hier blieb er bey dem Esel.

Tirso
Seht, da steht wie von Sinnen.

Menga
Wonach siehst du Gil?[15]

Gil
    Ach Menga!

Tirso
Was ist dir geschehen?

Gil
    Ach Tirso!

Toribio
Was hast du gesehen? Gieb Rede.

Gil
Ach Toribio!

Blas
    Sag, was hast du,
Gil, um so dich anzustellen?

Gil
Ach, ach Blas! ach meine Freunde!
Fragt mich nicht, ich bin ein Esel.
Schlägt ihn todt, und trägt ihn fort,
Um ihn einzusalzen, denk' ich.

Menga
Wer erschlug ihn?

Gil
    Was weiß ich's.[16]

Tirso
Wer ist todt?

Gil
    Gott soll ihn kennen.

Toribio
Sag, wer lud ihn auf?

Gil
Què sè yo quien?

Blas
Y quièn le llevò?

Gil
Quien quiera;
pero porque lo sepais,
venid todos.

Tirso
Do nos llevas?

Gil
No lo sè, pero venid,
que los dos vàn aqui cerca

    Vanse todos y sale Julia, y Arminda, criada.

Julia
Dexame, Arminda, llorar,
una libertad perdida,
pues donde acaba la vida,
tambien acaba el pesar.
Nunca has visto de una fuente
baxar de un arroyo manso,
siendo apacible descanso,
el valle de su corriente,
y quando le juzgan falto
de fuerza las flores bellas,
passa por encima dellas,
rompiendo por lo mas alto?
Pues mis penas, mis enojos
la misma experiencia han hecho,
detuvieronse en el pecho,
y salieron por los ojos.
Dexa que llore el rigor
de un padre.

Arminda
Señora, advierte . . .

Gil
    Ich weiß nicht.

Blas
Und wer trug ihn fort?

Gil
    Nun, jener
Aber um es zu erfahren
Kommt nur mit.

Tirso
    Wohin soll's gehen?

Gil
Ja ich weiß nicht, aber kommt,
Beyde sind noch in der Nähe.

    Alle ab.

    Ein Zimmer in Curcio's Hause.
    Julia und Arminda treten auf.[17]

Julia
Laß, Arminda, immer mich
Um verlohrne Freyheit klagen,
Denn mit meines Lebens Tagen
Endet auch der Kummer sich.
Sah'st du nie aus seiner Quelle
Einen Bach sich sanft ergießen,
Und im engen Bette fließen
Durch das Thal mit stiller Welle
Der, wenn ihn für ganz gezähmt
Rings die schönen Blumen achten,
Losbricht, und mit wilden Trachten
Über ihre Häupter strömt?
Meine Leiden, meine Sorgen
Thun auf gleiche Weise: sieh!
Aus den Augen fluten sie,
Da die Brust sie lang verborgen.
Laß mich weinen um den herben
Schluß des Vaters.

Arminda
    Denkt nicht bloß,
Fräulein, —

Julia
Què mas venturosa suerte
ay, que morir de dolor?
Pena que dexa vencida
la vida, ser gloria ordena,
que no es muy grande la pena,
que no acaba con la vida.

Arminda
Què novedad obligò
tu llanto?

Julia
Ay Arminda mia,
quantos papeles tenía
de Eusebio, Lisardo hallò
en mi escritorio.

Arminda
Pues èl
supo que estaban allí?

Julia
Como aquesso contra mì
harà mi estrella cruel.
Yo (ay de mí!) cuando le via
el cuidado con que andaba,
pensè que lo sospechaba
pero no que lo sabìa.
Llegó à mí descolorido,
y entre apacible y ayrado,
me dixo, que avia jugado,
Arminda, y que avia perdido,
que una joya le prestasse
para bolver à jugar:
por presto que la iba à dar,
no aguardò à que la sacasse:
tomò él la llave, y abrió
con una colera inquieta,
y en la primera naveta
los papeles encontrò:
Miròme, y bolviò à cerrar,
y sin decir nada, (ay Dios!),
buscò à mi padre, y los dos

Julia
    Welch beglückter Loos
Giebt es, als am Schmerz zu sterben?
Wenn es ob dem Leben siegt,
Kann das Leid am Ruhm sich weiden,
Denn das ist nur kleines Leiden,
Dem das Leben nicht erliegt.

Arminda
Sagt, was macht euch neue Sorgen?

Julia
Beste, ach! Lisardo fand
Alles von Eusebio's Hand,
Was mein Schreibtisch hielt verborgen.[18]

Arminda
Doch wie kam er auf die Spur,
Diese Briefe da zu suchen?[19]

Julia
Mein Gestirn muß ich verfluchen,
Denn es will mein Unglück nur.
Daß er Argwohn haben mußte,
Dacht' ich Arme freylich, da
Ich ihn spähend schleichen sah,
Aber nicht, daß er es wußte.
Da kam er, von Farb' entstellt
Zu mir, sagte mir mit Mienen,
Die halb sanft, halb zornig schienen,
Daß verspielt sey all sein Geld.
Leihn sollt' ich ihm einen Ring,
Um zum Spiel zurückzukehren;
Meine Eil konnt' nicht es wehren,
Daß er den zu hohlen ging.
Er nahm mir den Schlüssel, schloß
Auf mit ungeduld'gem Zorn,
Und im ersten Kästchen vorn
Fand er gleich, was ihn verdroß.[20]
Einen Blick warf er auf mich
Schloß dann ohn' ein einzig Wort
Wieder zu, begab so fort

(quièn duda es para tratar
mi muerte?) gran rato hablaron,
cerrados en su aposento.
salieron, y àzia el Convento
los dos sus passos guiaron,
segun Octavio me dixo.
y si lo que està tratado,
yà mi padre ha efectuado,
con justa causa me aflijo,
porque si de aquesta suerte,
que olvide à Eusebio desea,
antes que Monja me vea,
yo misma me darè muerte.

Sale Eusebio

Eusebio
Ninguno tan atrevido,
si no tan desesperado,
viene à tomar por sagrado
la casa del ofendido.
Antes que sepa la muerte
de Lisardo, Julia bella,
hablar quisiera con ella,
porque à mi tyrana suerte
algun remedio consigo
si ignorado mi rigor,
puede obligarla el amor
à que se vaya conmigo:
Y quando llegue à saber
de Lisardo el hado injusto,
harà de la fuerza gusto
mirándose en mi poder.
Hermosa Julia?

Julia
Què es esto?
tù en esta casa?

Eusebio
El rigor
de mi desdicha, y tu amor
en tal peligro me ha puesto.

Hin zu meinem Vater sich;
Lange Zeit verschlossen die
Sich zusammen, zu berathen
Meinen Tod, (das läßt sich rathen)
Dann zum Kloster eilten sie,
Wie Octavio mir gesagt;
Und wenn nun das Ausgemachte
Dort mein Vater schon vollbrachte,
Hab' ich wohl mit Recht geklagt.
Denn, eh ich auf sein Gebot
Dem Eusebio so entsage,
Einer Nonne Loos ertrage.
Geb' ich selber mir den Tod.

Eusebio tritt ein

Eusebio für sich.[21]
Nur, wen die Verzweiflung drängt,
Glaube sich, tollkühn, wohl vertheidigt,
Wenn das Haus, das er beleidigt,
Ihn als Zufluchtsort empfängt.
Eh die holde Julia noch
Des Lisardo Tod erfahren,
Will ich mich ihr offenbaren,
Ob ich mich dem harten Joch
Meines Schicksals möcht' entziehen,
Wenn, unkundig meiner Thaten,
Sie sich läßt von Liebe rathen,
Mir zu folgen und zu fliehen.
Wird es dann ihr hinterbracht,
Wie am Bruder ich gehandelt,
So wird Noth in Wahl verwandelt,
Denn sie ist in meiner Macht.

vortretend,[22]
Schöne Julia!

Julia
    Ist es wahr?
Du bist hier?

Eusebio
    Mein Misgeschick,
Und dein holder Liebesblick
Stürzten mich in die Gefahr.

Julia
Pues còmo has entrado aqui,
y emprendes tan loco estremo?

Eusebio
Como la muerte no temo.

Julia
Què es lo que intentas assí?

Eusebio
Oy obligarte deseo
Julia, porque agradecida
dès à mi amor nueva vida,
nueva gloria à mi deseo.
Yo he sabido quanto ofende
à tu padre mi cuidado,
que à su noticia ha llegado
nuestro amor, y que pretende
que tù recibas mañana
el estado que desea,
para que mi dicha sea,
cuanto mi esperanza, vana.
Si ha sido gusto, si ha sido
amor el que me has mostrado;
si es verdad que me has amado,
si es cierto que me has querido,
vente conmigo, pues vès
que no tiene resistencia
de tu padre la obediencia,
dexà tu casa, y despues
que avrà mil remedios piensa,
pues yà en mi poder, es justo
que haga de la fuerza gusto,
y obligacion de la ofensa.
Villas tengo en que guardarte,
gente con que defenderte,
hacienda para ofrecerte,
y un alma para adorarte.
Si darme vida deseas,
si es verdadero tu amor,
atrevete, ò el dolor
hara que mi muerte veas.

Julia
Sag, wie drangst du hier herein,
Und zu solcher tollen Wage?

Eusebio
Weil ich nach dem Tod nichts frage.[23]

Julia
Was kann deine Absicht seyn?

Eusebio
Heute möcht' ich dich verbinden,
Um in deinem dankbarn Triebe
Neues Leben meiner Liebe,
Neu entflammten Muth zu finden.
Deinen Vater, weiß ich, kränkt,
Theure Julia, mein Bestreben;
Da man ihm Bericht gegeben,
Wie wir beyd' uns lieben, denkt
Er dich morgen einzukleiden
In den Stand, den er begehrt;
Um vom Glück, mir einzig werth,
Samt der Hoffnung mich zu scheiden.
War es Huld, was du bezeigt,
Liebe, was du zu mir übtest;
Ist es wahr, daß du mich liebtest,
Warst du sicher mir geneigt:
O so komm mit mir! Du siehest,
Daß bey deines Vaters Schluß
Jede Weigrung schweigen muß;
Doch wenn du vom Hause fliehest,
Dann giebt es tausend Mittel, denk:
Bist du erst in meinen Händen,
Muß er Noth zur Tugend wenden,
Und der Raub wird zum Geschenk.
Macht hab' ich, dich zu vertreten,[24]
Diener, um dich zu behüten,
Land und Gut, dir anzubieten,
Und ein Herz, dich anzubeten.[25]
Willst du mir verleihn das Leben,
Ist nicht deine Liebe Scherz:
O so wag' es, oder Schmerz
Wird alsbald den Tod mir geben.

Julia
Oye, Eusebio.

Arminda
Mi Señor
viene, señora.

Julia
Ay de mí!

Eusebio
Pudiera hallar contra mì
la fortuna mas rigor?

Julia
Podrà salir?

Arminda
No es possible
que se vaya, porque yà
llamando à la puerta està.

Julia
Grave mal!

Eusebio
Pena terrible!
què haré?

Julia
Esconderse es forzoso

Eusebio
Dònde?

Julia
En aquesse aposento.

Arminda
Presto, que sus pasos siento.

Escondese Eusebio, y sale Curcio viejo venerable, padre de Julia.

Curcio
Hija, si por el dichoso
estado, que tù codicias,
y que yà seguro tienes,

Julia
Hör mich an —

Arminda
　　Eur Vater naht,
Fräulein.

Julia
　　Weh mir Armen, wehe!

Eusebio
Wie verfolgt, wohin ich gehe,
Mich des Schicksals strenger Rath![26]

Julia
Kann er nicht entfliehn?

Arminda
　　Verrannt
Ist der Weg zur Fluche hinaus;
Er steht rufend vor dem Haus.

Julia
Schlimme Noth!

Eusebio
　　Verdrängter Stand!
Was zu thun?

Julia
　　Verstecke dich.[27]

Eusebio
Wo?

Julia
　　In dem Gemache hier.

Arminda
Hurtig! Er ist an der Thür.

　　　Eusebio verbirgt sich.
　　　Curcio tritt auf[28]

Curcio
Tochter, glücklich preis' ich mich,
Daß ich dir den schönsten Segen
Melden kann, und bringst du nicht

no dàs à mis parabienes
la vida, y alma en albricias,
del deseo que he tenido
no agradeces el cuidado:
todo queda efetuado,
y todo tan pevenido,
que solo falta ponerte
la mas bizarre, y hermosa,
para ser de Christo esposa,
mira que dichosa suerte:,
oy aventajas à todas
quantas se ven enbidiar,
pues te veràn celebrar
aquestas divinas bodas:
què dices?

Julia [Aparte.]
Què puedo hacer?

Eusebio [Aparte.]
Yo me doy la muerte aqui,
si ella le dize que sì.

Julia [Aparte.]
No sè còmo responder.
Bien, señor, la autoridad
de padre, que es preferida,
imperio tiene en la vida,
pero no en la libertad:
¿Pues que supiera antes yo
tu intento, no fuera bien?
y que tù, señor, tambien
supieras mi gusto?

Curcio
    No,
que sola mi voluntad,
en lo justo, ò en lo injusto
has de tener por tù gusto.

Julia
Solo tiene libertad
un hijo para escoger
estadò; que el hado impío

Bey dem freudigem [sic] Bericht
Herz und Seele mir entgegen,
So verkennst du das Verlangen
Treuer Sorge, das mich leitet;
Alles ist schon eingeleitet,
Und bereit dich zu empfangen.
Jetzo fehlt noch einzig bloß
Dich zu schmücken und zu kränzen,
Um als Christus Braut zu glänzen.[29]
Sieh, welch ein beglücktes Loos!
Alles wirst du heut verdunkeln,
Neiden werden dich die Gäste,
Wenn beym heil'gen Hochzeitfeste
Feyerlich die Kerzen funkeln.[30]
Was sagst du?

Julia   beyseit
    Was darf ich wagen?

Eusebio
Sagt sie Ja, so geb' ich gleich
Hier mir selbst den Todesstreich.

Julia   beyseit
Wie soll ich ihm Antwort sagen?
Ja mein Vater, Kindespflicht
Hat mich ganz euch untergeben;
Rechte habt ihr auf mein Leben,
Doch auf meine Freyheit nicht.
Sollt' es den nicht billig seyn,
Daß ich es zuvor gewußt,
Und daß ihr auch meine Lust
Erst zu Rath gezogen?

Curcio
    Nein.
Bloß mein Wollen und Befehlen,[31]
Sey's unbillig oder billig,
Muß dazu dich machen willig.

Julia
Steht den, seinen Stand zu wählen,
Einzig nur dem Sohne frei,
Daß kein zwingendes Verhängniß

no fuerza el libre alvedrío;
dexame pensar, y vèr
de espasio esso, y no te espante
vèr que termino te pida,
que el estado de una vida
no se toma en un instante.

Curcio
Basta, que yo he mirado,
y yo por ti he dado el sì.

Julia
Pues si tù vives por mí,
toma también por mì estado.

Curcio
Calla, infame, calla loca,
que harè de aquesse cabello
un lazo para tu cuello,
ò sacarè de tu boca
con mis manos la atrevida
lengua, que de oìr me ofendo.

Julia
La libertad te defiendo,
señor, pero no la vida.
Acaba su curso triste,
y acabarà tu pesar,
que mal me puedo negar
la vida que tù me diste:
la libertad que me diò
el Cielo, es la que te niego.

Curcio
En este punto à creer llego
lo que el alma sospechò,
que no fue buena tu madre,
y manchò mi honor alguno,
pues oy tu error importuno
ofende el honor de un padre
à quien el Sol lo igualò
en resplandor, y belleza,
sangre, honor, lustre, y nobleza.

Ihn darf bringen in Bedrängniß?
Dringe nicht in mich, verleih
Frist mir noch zur Überlegung.
Und dieß bitt' ich nicht vergebens,
Denn es ist der Stand des Lebens
Keines Augenblicks Erwägung.

Curcio
Es genügt hier mein Entscheiden,
Und ich gab das Ja für dich.

Julia
Wenn du denn so lebst für mich,
Laß für mich auch ein dich kleiden.

Curcio
Schweig, du Thörin! schweig, Verruchte!
Sonst mach' ich der Locken Ringe
Deinem Hals zu einer Schlinge,
Oder reiße die verfluchte
Zunge, die mein Ohr beleidigt,
Aus mit eignen Händen dir.

Julia
Nur die Freyheit wird von mir,
Nicht mein Leben wird vertheidigt.
Nimm mir diese traur'ge Gabe,
So wird dein Verdruß sich heben;
Weigern kann ich nicht das Leben
Dir, von dem ich es ja habe.
Nur bey der von Gott verliehnen
Freyheit will ich mich behaupten.

Curcio
Was Gedanken heimlich glaubten,
Ist mir jetzt als wahr erschienen:
Daß mich deine Mutter täuschte,
Daß mich wer entehrt mit ihr;
Denn dein Starrsinn weigert mir,
Was des Vaters Ehre heischte,
Welchem sonst die Sonne wich
An der Reinheit ohne Tadel,
An Geburt, Glanz, Ehr' und Adel.

Julia
Esso no he entendido yo,
por esso no he respondido.

Curcio
Arminda, salte allà fuera.

y yà que mi pena fiera *[Vase Arminda.]*
tantos años he tenido
secreta, de mis enojos
la ciega passion oblige
à que la lengua te diga
lo que te han dicho los ojos.
La Señoria de Sena,
por dàr à mi sangre fama,
en su nombre me emboi
á dár la obedencia al Papa
Urbano Tercio: tu madre,
que con opinion de santa
fue en Sena comun exemplo
de las Matronas Romanas,
y aun de las nuestras (no sè
còmo mi lengua la agravia,
mas ay infelize! tanto
la satisfaction engaña),
en Sena quedòó, y yo estuve
en Roma con la embaxada
ocho meses, porque entonces
por concierto se trataba
que esta Señoria fuesse
del Pontífice, Dios haga
lo que á su Estado convenga,
que aquí importa poco, ò nada.
Bolvì à Sena, y hallè en ella . . .
(aquí el aliento me falta,
aquí la lengua enmudece,
aquí el animo desmaya)
hallè (ay injusto temor!)
à tu madre tan preñada,
que para el infelìz parto,
cumplia nueve faltas.

Die Andacht zum Kreuze

Julia
Hierin nicht begreif' ich dich,
Darum kann ich nichts drauf sagen.

Curcio
Geh hinaus, Armind', einmal.

   Arminda ab.

Ob ich schon die wilde Qual
Heimlich so viel Jahr' ertragen,
Zwingt mich doch, vor Wuth erblindet,
Leidenschaft, daß jetzt mein Mund
Eben das dir mache kund,
Was die Augen schon vorkündet. —
Mich sandt' einst der Staat von Siena,
Meinem Blut zu höherm Glanze,
Um dem Pabst Urban dem dritten
Huldigung in seinem Namen
Darzubringen; deine Mutter,
Die als Heil'ge galt bey Allen,
Die der Römischen Matronen
Vorbild war durch ihren Wandel,
Und der unsern auch (ich weiß nicht,
Wie ich sie zu schmähen wage:
Aber ach! so täuschet oft
Die Zufriedenheit den Armen)
Blieb in Siena; während ich
Acht Monat' als Abgesandter
Weilen mußt' in Rom: es wurde
Damals ein Vertrag verhandelt
Unsern Staat dem heil'gen Stuhle
Abzutreten; was dem Lande
Frommt, das mög' ihm Gott verleihen,
Hier thuts weiter nichts zur Sache.
Heim nach Siena kommend, find' ich
(Hier gebricht es mir an Athem,
Meine Zunge will verstummen,
Und mir schwinden die Gedanken)
Find ich — o unbill'ge Furcht! —
Deine Mutter so weit schwanger,
Daß sie zur Geburt des Unglücks
Die neun Monden fast vollbrachte.

Yà me avìa a prevenido
por sus mentirosas cartas
esta desdicha, diciendo
que cuando me fui, quedaba
con sospecha, y yo la tuve
de mi deshonra tan clara,
que discurriendo mi agravio,
imaginè mi desgracia.
No digo que verdad sea,
mas quien tiene sangre hidalga
no ha de aguardar à creer
que el imaginar le basta.
Què importa que un noble sea
desdichado, ò ley tyrana
de honor, ò barbaro fuero
del Mundo, si la ignorancia
le disculpa? Mienten, mienten
las leyes, porque no alcanza
los mysterios al efecto
quien no previene la causa.
Què ley culpa à un inocente?
què opinion à un libre agravia?
miente otra vez, que no es
deshonra, sino desgracia.
Bueno es, que en leyes de honor
le comprehenda tanta infamia
al Mercurio que le roba,
como al Argos que le guarda.
Què dexa el Mundo, què dexa,
si assí al inocente infama
de deshonra, para aquel,
que lo sabe y que lo calla?
Yo entre tantos pensamientos,
yo entre confusiones tantas,
ni vì regalo en la mesa,
ni hice descanso en la cama.
Tan desabrido conmigo
estuve, que me trataba
como ageno el corazon,
y como à tirano el alma:
y aunque à veces discurrìa
en su abono, y aunque hallaba

Diesen Unfall hatte sie
Schon zuvor in lügenhaften
Briefen mir gemeldet, schreibend,
Als ich sie verlassen, habe
Sie Verdacht gehabt; und ich
Faßt' ihn so von meiner Schande,
Daß ich, meiner Schmach nachsinnend,
Mir gewiß mein Unglück dachte.
Nicht für Wahrheit will ich's geben,
Aber wen sein Blut geadelt,
Der bedarf nicht Überzeugung,
Denn ihm gnügt schon der Gedanke.
Warum muß ein Edelmann
Dennoch leiden, — o tyrannisch
Recht der Ehr'! o harter Ausspruch! —[32]
Wenn Unwissenheit ihn aller
Schuld entladet? Ja sie lügen,
Die Gesetze, denn nicht rathen
Kann der Folgen Heimlichkeiten,
Wer die Ursach nicht geahndet.
Welch Gesetz und welche Meynung
Kann Unschuld'ge wohl verdammen?[33]
Abermals sag; ich: sie lügen;
Unglück ist es, und nicht Schande.
Wie verkehrt, daß in der Ehre
Sachen, Schimpf in gleichem Maße
Den Merkur trifft, der sie raubte,
Den Argos, der sie bewachte?
Was läßt nun die Welt, was läßt sie,
Brandmarkt sie mit solcher Schande[34]
Den Unschuld'gen, für den übrig,
Der da schweigt, wenn er's erfahren?
Ich, in solcherley Verwirrung,
Unter mancherley Gedanken,
Konnt' am Tisch mich nicht erquicken,
Konnt' im Bett' nicht ruhig schlafen;
Und ich quälte nun mich selber
Mit so großem Misbehagen,
Daß ich fremd dem Herzen ward,
Dem Gemüthe zum Tyrannen.
Ob ich manchmal ihr zu Gunsten
Bey mir sprach, und Schein des Wahren

verisímil la disculpa,
pudo en mì tanto la instancia
del temer que me ofendia,
que con saber que fue casta,
tomè de mis pensamientos,
no de sus culpas, venganza;
y porque con mas secreto
fuesse, previne una caza
fingida, porque à un zeloso
ficciones solo le agradan.
Al monte fuì, y quando todos
entretenidos estaban
en su alegre regocijo,
con amorosas palabras,
(què bien las dize quien miente!
què bien las crece quien ama!)
llevé á Rosmira, tu madre
por una senda apartada
del camino, y divertida
llegò á una secreta estancia
deste monte, á cuyo albergue
el Sol ignorò la entrada,
porque se la defendian
rusticamente enlazadas,
por no dezir, que amorosas,
arboles, hojas, y ramas.
Aqui, pues, adonde apenas
huella imprimiò mortal planta,
solos los dos:

Sale Arminda

Arminda
Si el valor
que el noble pecho acompaña,
señor, y si la experiencia
que te han dado honrosas canas,
en la desdicha presente
no te niega, ò no te falta,
examen serà el valor
de tu animo.

Fand in der Entschuldigung,
Ward ich doch beherrscht vom Drange
Jener Furcht, daß sie mich kränke,
Und da ich als keusch sie kannte,
Nahm ich nicht an ihrer Schuld,
Sondern meinem Argwohn Rache.
Um dieß heimlicher zu üben,
Ward von mir ein Fest des Jagens
Vorgewandt, denn Eifersücht'gen
Kann Verstellung nur gefallen.
Man ging ins Gebirg', und als nun,
Mit der Jagd beschäftigt, Alle
Sich der Lustbarkeit erfreuten,
Führt' ich mit verliebter Sprache
(O wie gut weiß sie die Lüge,
Und wie glaubt die Lieb' ihr alles!)
Rosamarin, deine Mutter,
Einen Pfad, der von der Straße
Sich verlor, entlang; so kam sie
Hin zu einem stillen Platze
Im Gebirg, in dessen Umfang
Nie der Sonne Strahlen drangen,
Weil ihr Bäume, Laub und Zweige
Ländlich, ja fast möcht' ich sagen
Liebevoll in eins verschlungen,
Stets dazu den Eingang bargen.
Hier, wo kaum von Menschentritten
Spuren eingeprägt noch waren,
Beyd' allein nun —

Arminda tritt ein

Arminda
    Wenn der Muth,
Der in edlen Herzen waltet,
Herr, wenn die erfahrne Ruhe
Deiner würd'gen grauen Haare,
Bey dem gegenwärt'gen Unglück
Nicht erliegt, und nicht dir mangelt,
So ist deiner Seele Muth
Probefest.

Curcio
    Què causa
te obliga à que assi interrumpas
mi razon?

Arminda
    Señor...

Curcio
Acaba,
que mas la duda ofende.

Julia
Por què te suspendes? habla.

Arminda
No quisiera ser la voz
de mi pena, y tu desgracia.

Curcio
No temas decirla tù,
pues yo no temo escucharla.

Armina
A Lisardo, mi señor...

Eusebio [Aparte]
Esto solo me faltaba.

Arminda
Bañado en su sangre traen
en una silla por andas,
quatro rusticos pastores,
muerto (ay Dios!) à puñaladas,
mas yà à tu presencia llega,
no le veas.

Curcio
    Cielos, tantas
penas para un desdichado?
ay de mi!

    Salen los Villanos con Lisardo muerte en una silla,
    ensangrentado el rostro

Julia
Pues què inhumana
fuerza ensangrentò la ira

Curcio
    Sprich, was geschahe,
Daß du meine Rede so
Unterbrichst?

Arminda
    O Herr, —

Curcio
    Sag' alles,
Denn mich quält noch mehr der Zweifel.

Julia
Sprich! Was hältst du inn' und zagest!

Arminda
Ich mag nicht die Stimme seyn
Meines Wehs und deines Jammers

Curcio
Da ich's nicht zu hören fürchte,
Fürchte du nicht, es zu sagen.

Arminda
Euren Sohn Lisardo, Herr, —

Curcio[35]
Das nur hat mir noch gemangelt.

Arminda
Bringen vom Gebirg vier Hirten
Her auf einer Tragebahre,
Jämmerlich, ach Gott! erstochen,
Und in seinem Blut gebadet.[36]
Doch schon kommt er euch vor Augen:
Seht ihn nicht.

Curcio
    So vieler Jammer,
Himmel, Einem Unglücksel'gen!
Wehe mir!

    Die Landleute bringen den todten Lisardo mit blutigem
    Gesicht auf einer Bahre herein.

Julia
Welche wild entflammte
Wuth hat sich in seinem Busen

en su pecho? què tyrana
mano se bañò en mi sangre,
contra su inocencia ayrada?
Ay de mí!

Arminda
Mira señora.

Blas
No llegues à verle.

Curcio
Aparta.

Tirso
Détente, señor.

Curcio
Amigos
no puede sufrirlo el alma.
Dexadme vèr ese cadaver frio,
deposito infelìz de eladas venas,
ruina del tiempo, estrago del impìo
hado, teatro funesto de mis penas;
què tyrano rigor, (ay hijo mío!),
tragico monumento en las arenas
construyò porque hiciesse en quexas vanas
mortaja triste de mis blancas canas?
Ay, amigos, decid, quièn fue homicida
de un hijo, en cuya vida yo animaba?

Menga
Gil lo dirà, que al verle dár la herida,
oculto en unos arboles estaba.

Curcio
Dì, amigo, dì, quièn me quitò esta vida?

Gil
Yo solo sè, que Eusebio le llamaba,
quando con èl reñia.

Curcio
Ay mas deshonra?
Eusebio me ha quitado vida, y honra.
Disculpa aora tù de sus crueles

Abgekühlt? Welch eine harte
Hand sich in mein Blut getaucht,
Wider seine Unschuld hadernd?
Wehe mir!

Arminda
    Bedenkt, mein Fräulein!

Blas
Tritt nicht näher.

Curcio
    Fort da all!

Tirso
Halte dich zurück, Herr.

Curcio
    Freunde,
Mein Gemüth kann's nicht ertragen.
Laßt mich sie sehn, die kalte, todtenbleiche
Gestalt, den Aufenthalt erstarrter Schauer,
Den Raub der Zeit, die Trümmer schnöder Streiche
Des Glücks, die düstere Bühne meiner Trauer.
Welch Wüthen hüllte dich, geliebte Leiche,
In Nacht, wie eines ernsten Denkmals Mauer,
Daß ich, hülflos hier klagend an der Bahre,
Zum Grabtuch breite meine Weißen Haare?
O Freunde, sagt: wer hat den Sohn erschlagen,
In dessen Leben nur ich Leben kannte?

Menga
Gil war im Wald versteckt, er kann es sagen,
Er sah, wie ihm sein Feind den Leib durchrannte.

Curcio
So sag den, Freund, wen hab' ich anzuklagen?

Gil
Ich weiß nur, daß er sich Eusebio nannte
Bey dem Gefecht.

Curcio
    Giebt's was, das mehr entehre?
Eusebio raubte Leben mir und Ehre.
Entshuld'ge du nun Triebe, die ihn drangen

deseos la ambición, dì que concibe
casto amor, pues à falta de papeles,
lascivos gustos con tu sangre escrive.

Julia
Señor...

Curcio
No me respondas como sueles,
à tomar oy estado te apercibe,
ò apercibe tambien à tu hermosura,
con Lisardo temprana sepultura.
Los dos à un tiempo el sentimiento esquivo
en este dia sepultar concierta,
èl muerto alMmundo, en mi memoria vivo,
tu, viva al Mundo, en mi memoria muerta;
y en tanto que el entierro os apercibo,
porque no huyas, cerrarè esta puerta:
queda con èl, porque de aquessa suerte
lecciones al morir te dè su muerte.

Vanse todos, y queda Julia en medio de Lisardo, y Eusebio, que sale por otra puerta.

Julia
Mil vezes procuro hablarte,
tyrano Eusebio, y mil veces
el alma duda, el aliento
falta, y la lengua enmudece.
No sè, no sè còmo pueda
hablar, porque à un tiempo vienen
embueltas iras piadosas
entre piedades crueles.
Quisiera cerrar los ojos
à aquesta sangre inocente
que està pidiendo venganza,
desperdiciando claveles:
y quisiera hallar disculpa
en las lagrimas que viertes,
que al fin heridas, y ojos
son bocas que nunca mienten.
Y en una mano el amor,
y en otra el rigor presente,
a un mismo tiempo quisiera

So wild zu werben; rühme keusches Lieben
An ihm, der ja sein lüsternes Verlangen,
Statt auf Papier, in deinem Blut geschrieben!

Julia
O Herr —

Curcio
Nicht mehr dem Starrsinn nachgehangen!37
Heut ist dir noch des Klosters Wahl geblieben,
Sonst mußt du deine Schönheit gleich bereiten,
In's frühe Grab Lisardo zu begleiten.
Zwey Kinder weih' ich heut in herben Schmerzen
Dem Grabe, das ein Recht an sie erworben:
Er starb der Welt, doch lebt er mir im Herzen;
Du lebst der Welt, im Herzen mir gestorben.
Indeß ich zünde der Bestattung Kerzen,
Schließ ich dich ein, die Flucht ist dir verdorben.
Bleib hier bey ihm, daß dich auf solche Weise
Des Bruders Tod im Sterben unterweise.38

Alle gehen ab, und Julia bleibt in der Mitte zwischen dem todten Lisardo, und Eusebio, der aus dem Nebenzimmer hervorkommt.

Julia
Tausendmal dich anzureden
Streb' ich, Wüthender, und immer
Zagt die Seele mir, der Athem
Stockt, und es versagt die Stimme.
Nein, ich weiß nicht wie ich reden
Soll, da mir verworr'n im Innern
Mitleidvolles Zürnen stets,
Und grausames Mitleid, ringen.
Gern möcht' ich vor dem unschuld'gen
Blute hier die Augen schließen,
Das um Rache schreyt, in vollen
Purpurnelken sich ergießend;
Möchte dich entschuldigt glauben
Durch die Thränen, die dir fließen:
Wunden, Augen sind ja Münder,
Die von Lügen niemals wissen.
Liebe steht zur Rechten mir,
Und die Strenge steht zur Linken,
Strafen möcht' ich und vertheid'gen

castigarte, y defenderte.
Y entre ciegas confusiones
de pensamientos tan fuertes,
la clemencia me combate,
y el sentimiento me vence.
Desta suerte solicitas
obligarme? Desta suerte,
Eusebio, en vez de finezas
con crueldades me pretendes?
Quando de mi boda el dia
resuelta esperaba, quieres
que en vez de aplicables bodas,
tristes obsequias celebre?
Quando por tu gusto era
à mi padre inobediente,
lutos funestos me dàs,
en vez de galas alegres?
Quando, arriesgando mi vida,
hize possible el quererte,
en vez de talamo (ay Cielos)
un sepulcro me previenes?
Y cuando mi mano ofrezco,
despreciando inconvenientes,
de honor, la tuya bañada
en mi sangre me la ofreces?
Què gusto tendrè en tus brazos,
si para llegar à verme,
dando vida à nuestro amor,
voy tropezando en la muerte?
Què diaá el Mundo de mí,
sabiendo que tengo siempre,
si no presente el agravio,
quien le cometiò presente?
Pues cuando quiera el olvido
sepultarle, solo el verte
entre mis brazos, serà
memoria con que me acuerde.
Yo entonces, yo, aunque te adore,
los amorosos placeres
trocarè en iras, pidiendo
venganzas; pues còmo quieres,
que viva sujeta un alma

Dich im selben Augenblicke
Von so mächtigen Gedanken
Ganz betäubt, verwirrt, erblindet,
Muß ich mit der Langmuth kämpfen,
Und der Heftigkeit erliegen.
Strebst du mich auf solche Weise,
O Eusebio, zu verpflichten?
Willst du mich mit Grausamkeiten
Statt Bewerbungen gewinnen?
Da ich der Vermählung Tag
Hoffte mit entschloßnem Willen,
Muß mir statt der frohen Hochzeit
Traur'ge Leichenfeyer winken?
Da ich ungehorsam wurde
Meinem Vater, deinetwillen,
Giebst du mir statt muntern Putzes
Düstre Trauer anzuziehen?
Da ichs mit Gefahr des Lebens
Möglich machte dich zu lieben,
Hast, o Himmel! statt des Brautbetts
Du ein Grab mir zugerichtet?
Und da ich die Hände dir reiche,
Nicht der Ehre Hindernisse
Achtend, darfst du mir, in meinem
Blut gebadet, deine bieten?
Welche Freud' in deinen Armen
Wird mir, wenn um unsrer Liebe
Leben zu verleihn, ich strauchelnd
Falle in des Todes Tiefen?
Was sagt nun von mir die Welt,
Wenn sie weiß, ich habe immer,
Wo die Schmach nicht gegenwärtig,
Gegenwärtig den Vollbringer?
Denn, wenn auch Vergessenheit sie
Tilgen will, dich zu erblicken
Mir im Arm, wird schon allein
Gnügen, um mich zu erinnern.
Ich alsdann, zwar dich anbetend,
Ich muß alle Lust der Liebe
Dann mit Zorn vertauschen, Rache
Fodernd; und wie kannst du irgend
Wollen, daß ein Herz von solchen

à efectos tan diferentes
que estè esperando el castigo,
y deseando que no llegue?
Basta, por lo que te quise,
perdonarte, sin que esperes
verme en tu vida, ni hablarme:
Essa ventana, que tiene
salida al jardín, podrà
darte passo, por aì puedes
escaparte, huye el peligro,
porque si mi padre viene
no te halle aqui; vete, Eusebio,
y mira que no te acuerdes
de mì, que oy me pierdes tù,
porque quisiste perderme.
Vete, y vive tan dichoso,
que tengas felizemente
bienes sin que à los pesares
pagues pension de los bienes.
que yo harè para mi vida
una celda prision breve,
sino sepulcro, pues yà
mi padre enterrarme quiere.
Alli llorarè desdichas
de un hado tan inclemente,
de una fortuna tan fiera,
de una inclinacion tan fuerte,
de un Planeta tan opuesto,
de una Estrella tan rebelde,
de un amor tan desdichado,
de una mano tan aleve,
que me ha quitado la vida,
y no me ha dado la muerte,
porque entre tantos pesares,
siempre viva, y muera siempre.

Eusebio
Si acaso mas que tus voces,
son yà tus manos crueles
para tomar la venganza,
rendido á tus pies me tienes.
Preso me trae mi delito,

Widersprüchen sey regieret,
Daß es auf die Strafe hofft,
Und doch wünscht, sie komme nimmer?
'S ist genug, daß ich verzeihe,
Weil ich dich geliebt: nie wieder
Hoffe mich zu sehen, zu sprechen.
Einen Ausweg gönnt dir dieses
Fenster, das sich nach dem Garten
Öffnet; da hinaus entrinnen
Kannst du: fliehe die Gefahr,
Daß mein Vater dich nicht finde,
Wenn er kommt. Geh denn, Eusebio,
Und dich mein nicht zu erinnern
Trachte; du verlierst ja heut mich,
Weil du mich gewollt verlieren.
Geh, und lebe so glückselig,
Daß du Güter rein besitzest,
Ohne Kümmernissen Zoll
Von den Gütern zu entrichten.
Denn mein Leben wird die Zelle
Sich zum engen Kerker bilden,
Ja zum Grab: mich zu begraben,
Ist ja meines Vaters Wille.
Dort bewein' ich bald die Streiche,
Eines solchen Mißgeschickes,
Eines so grausamen Looses,
Eines so gewalt'gen Triebes,
Eines solchen Zorn-Planeten,
So rebellischen Gestirnes,
Einer so verruchten Hand,
Einer so unsel'gen Liebe,
Daß sie mir das Leben nahm,
Und mir nicht den Tod verliehen,
Auf daß ich in so viel Leiden
Immer leb' und sterb' auch immer.

Eusebio
Ist, um Rach' an mir zu nehmen,
Mehr vielleicht als deine Stimme,
Grausam deine Hand: in Demuth
Sieh mich dir zu Füßen liegen.
Mich verhaftet mein Verbrechen,

tu amor es la carcel fuerte,
las cadenas son mis yerros,
prisiones que el alma teme,
verdugo es mi pensamiento,
si son tus ojos los Jueces,
y ellos me dàn la sentencia,
por fuerza serà de muerte;
mas dirà entonces la fama
en su pregòn: Este muere
porque quiso, pues que solo
es mi delito quererte.
No pienso darte disculpa,
no parezca que la tiene
tan grande error, solo quiero
que me mates, y te vengues.
Toma esta daga, y con ella
rompe un pecho que te ofende,
saca un alma que te adora,
y tu misma sangre vierte.
Y si no quieres matarme,
para que à vengarse llegue
tu padre, dirè que estoy
en tu aposento.

Julia
          Détente,
y por ultima razon,
que he de hablarte eternamente,
has de hazer lo que te digo.

Eusebio
Yo lo concedo.

Julia
          Pues vete
adonde guardes tu vida,
hacienda tienes, y gente
que te podrà defender.

Eusebio
Mejor serà que yo quede
sin ella, porque si vivo,
serà impossible que dexe
de adorarte, y no has de estar,

Kerker ist mir deine Liebe,
Meine Fehler sind die Ketten,
Bande, so die Seele binden.
Mein Gedanke ist der Henker,
Sind nun deine Augen Richter,
Und ertheilen mir den Ausspruch,
So muß er den Tod mir bringen.
Aber dann wird das Gerücht
Über mich verkünd'gen: dieser
Stirbt um Liebe; mein Verbrechen
Ist ja einzig, dich zu lieben.
Nicht Rechtfertigung vor dir
Such ich: denn wie kann sie finden
Solch Vergehn? daß du mich tödtest
Und dich rächst, ist meine Bitte.
Nimm den Dolch hier, und zerreiße
Eine Brust; die dich erbittert;
Brich ein Herz, das dich anbetet,
Und dein eignes Blut vergieße.
Und willst du mich nicht ermorden,
O so soll dein Vater wissen,
Daß mich, seiner Rache wartend,
Dein Gemach verbirgt.

Julia
    Halt inne!
Und da dieß mein letztes Wort
Ist an dich, für nun und immer,
Mußt du thun, was ich dir sage.

Eusebio
Gern will ichs.

Julia
    So geh von hinnen,
Wo du retten magst dein Leben;
Mittel hast du ja, und Diener,
Welche dich vertheid'gen können.

Eusebio
Besser wär es wohl, ich ließ' es
Fahren, den so lang' ich lebe,
Kann ichs nie von mir gewinnen
Dich zu lassen, und so bist du,

aunque un Convento te encierre,
segura.

Julia
    Guardate tù,
que yo sabrè defenderme.

Eusebio
Bolverè yo à verte?

Julia
    No.

Eusebio
No ay remedio?

Julia
No le esperàs

Eusebio
Què al fin me aborreces yà?

Julia
Harè por aborrecerte.

Eusebio
Olvidaràsme?

Julia
    No sè.

Eusebio
    Verète yo?

Julia
Eternamente.

Eusebio
Pues aquel passado amor?

Julia
Pues esta sangre presente?
La puerta abren, vete, Eusebio.

Eusebio
Irè por obedecerte:
què ne he de bolverte à vèr!

Ob das Kloster dich verschließe,
Doch nicht sicher.

Julia
Schütze du dich,
Ich will mich zu schützen wissen.

Eusebio
Sehen wir uns wieder?

Julia
Nein.

Eusebio
Keinen Trost?

Julia
Hoff' ihn mit nichten.

Eusebio
Hassest du mich also schon?

Julia
Dich zu hassen will ich sinnen.

Eusebio
Mich vergessen auch?

Julia
Ich weiß nicht.

Eusebio
Seh' ich je dich?

Julia
Nun und nimmer.

Eusebio
Aber unser vor'ger Bund?

Julia
Und das Blut, das hier noch fließet? —
Man schließt auf: entflieh, Eusebio!

Eusebio
Dir gehorchend will ich fliehen:
Ach so seh' ich nie dich mehr!

Julia
Què no has de volver à verme!

*Suena ruido, vanse cada uno por su parte,
entran por el cuerpo algunos criados.*

Jornada Segunda

*Disparan dentro un arcabuz, y salen Ricardo, Celio y
Eusebio en trage de vandoleros, con arcabuzes.*

Ricardo
Passò el plomo violento
su pecho

Celio
    Y haze el golpe mas sangriento,
que con su sangre la tragedia imprima
entierna flor.

Eusebio
Ponle una Cruz encima,
y perdonele Dios.

Ricardo
Las devociones
nunca faltan del todo à los ladrones.

Vase.

Eusebio
Y pues mis hados fieros
me traen à Capitan de Vandoleros,
llegaràn mis delitos
à ser, como mis penas, infinitos.
Como si diera muerte
à Lisardo à traycion, de aquesta suerte
mi patria me persigue,
porque su furia y mi despacho obligue
à que guarde una vida,
siendo de tantas barbaro homicida:
mi hacienda me han quitado,

Julia
Ach so siehst du nie mich wieder!

Man hört ein Geräusch, beyde gehn von verschiedenen Seiten ab, und einige Bedienten kommen und tragen die Leiche hinaus.

Zweyter Akt

Waldgegend

Ein Schuß hinter der Szene. Ricardo, Celio und Eusebio kommen in Räubertracht, mit Musketen.

Ricardo
Ihm traf das schnelle Bley
Die Brust.

Celio
    Und daß der Streich noch blut'ger sey,
So färbt die zarten Blumen das Gepräge
Des Trauerspiels.

Eusebio
    Setzt ihm ein Kreuz, und möge
Gott ihn begnad'gen.

Ricardo
    Selbst bey Räuberbanden
Komme niemals doch die Andacht ganz abhanden.

    Ricardo und Celio ab.

Eusebio
Weil denn mein wild Verhängniß
Mich macht zum Räuberhauptmann durch Bedrängniß,
So will ich mit Verbrechen
Ohn' Ende mein unendlich Leiden rächen.[39]
Als hätt' ich wie Verräther
Lisardo umgebracht, als Missethäter
Verfolgt mein Vaterland
Mich, der zum Trotz durch seine Wuth entbrannt,
Ein Leben muß verbürgen
Durch vieler Andern grimmiges Erwürgen.
Mein Land und Gut verfallen,

mis Villas confiscado,
y á tanto rigor llegan,
que el sustento me niegan;
y pues le he de buscar desesperado,
no toque passagero
el termino del monte, si primero
no rinde hacienda, y vida.

    Salen Ricardo, Vandoleros con Alberto, viejo.

Ricardo
Llegando à vèr la boca de la herida,
escucha, Capitan, el mas extraño
sucesso.

Eusebio
    Ya deseo el desengaño.

Ricardo
Hallè el plomo deshecho
en este libro que tenia en el pecho,
sin aver penetrado,
y al caminante solo desmayado:
vesle aqui sano, y bueno.

Eusebio
De espanto estoy, y admiraciones lleno:
quièn eres, venerable
caduco, à quien los Cielos admirable
han hecho con prodigió milagroso?

Alberto
Yo soy, ò Capitán, el mas dichoso
    de quantos hombres ay, que ha merecido
ser Sacerdote indigno, yo he leìdo
en Bolonia Sagrado Theología
quarenta y quatro años con desvelo

diòme su Santidad, por este zelo
de Trento el Obispado,
premiando de mis studios, y admirado
yo de vèr que tenia
cuenta de tantas almas,

Ließ man mir nichts von allen,
Und will die Härte steigern
Mir Nahrung selbst zu weigern.
Kein Wandrer soll dem Kreise
Der Berge nahn, der nicht von seiner Reise
Mir Gut und Leben zollte.[40]

Ricardo und andere Räuber kommen mit Alberto

Ricardo
Da ich die Wunde nah betrachten wollte, —
O höre, Hauptmann, von dem wunderbaren
Ereigniß! —

Eusebio
    Wohl, ich wünsch' es zu erfahren.

Ricardo
Fand ich das Bley zerflossen
Auf diesem Buch, das seine Brust umschlossen.
Es war nicht durchgegangen,
Der Wandrer lag von Ohnmacht nur befangen;
Du siehst gesund und frisch ihn vor dir stehen.

Eusebio
Mit Staunen muß ich's und Bewundrung sehen.
Wer bist du, würd'ger Alter,
An dem der Himmel wurde zum Erhalter,
Dem solch ein wundervolles Heil begegnet?

Alberto
Hauptmann, ich bin gesegnet
Vor vielen: unverdient ward mir gewähret
Das Priesterthum; und so hab' ich gelehret
An vier und vierzig Jahr mit Fleiß und Müh
Die hohen Sätze der Theologie,
Dort auf Bologna's Schule;[41]
Dafür ward mir verliehn vom heil'gen Stuhle,
Der meinen Eifer lohnend anerkennt
Das Bisthum von Trident.
Ich nun, da ich betrachte,
Daß dieß die Rechenschaft mir übermachte
Für so viel Seelen, als ein Feld der Halmen[42]
Enthält, und daß ich kann kaum der mein'gen dacht,

y que apenas la daba de la mia,
los laureles dexe, dexe las palmas,
y huyendo sus engaños,
vengò a buscar seguros desengaños
en estas soledades,
donde viven desnudas las verdades.
passo à Roma, à que el Papa me conceda
licencia, Capitan, para que pueda
fundar un Orden santo de Eremitas;
mas tu saña atrevida
quita el hilo à mi suerte, y à la vida.

Eusebio
Què libro es este, di?

Alberto
Este es el fruto,
que rinde à mis estudios el tributo
de tantos años.

Eusebio
Què es lo que contiene?

Alberto
El trata del origen verdadero
de aquel Divino, y Celestial Madero,
en que animoso, y fuerte,
muriendo, triunfo Christo de la muerte:
el libro, al fin, se llama,
Milagros de la Cruz.

Eusebio
Què bien la llama
de aquel plomo inclemente,
mas que la cera, se mostrò obediente!
Plugiera à Dios, mi mano,
antes, que blanco su papel hiciera,
de aquel golpe tyrano,
entre su fuego ardiera.
Lleva ropa, y dinero,
y la vida, solo este libro quiero,
y vosotros salidle acompañando,
hasta dexarle libre.

Gab alle Lorbeern auf, gab auf die Palmen,
Und von dem Trug der Sinnen
Mich wendend, wollt' ich rein'res Licht gewinnen
In diesen Einsamkeiten,
Wo mich die nackte Wahrheit sollte leiten.
Ich ging nach Rom, und wollt' Erlaubniß bitten
Vom Papst, o Hauptmann, daß von Eremiten
Ich einen frommen Orden stiften dürfte;
Doch dein gewaltsam Streben,
Reißt ab den Faden meinem Loos und Leben.

Eusebio
Sag, welch ein Buch ist dieß?

Alberto
　　Es ist die Frucht
Der Forschung, die mein treuer Fleiß versucht
Seit vielen Jahren.

Eusebio
　　Was ist drin enthalten?

Alberto
Es sucht den Ursprung wahrhaft zu entfalten
Von jenem göttlichen und heil'gen Holze,
An welchem Christ, gestorben,
Glorreich am Tod Sieg und Triumph erworben.
Das Büchlein ist benannt
Wunder des Kreuzes.

Eusebio
　　Wie sich doch der Brand
Des grimmen Bleys gekühlet,
Das hier wie Wachs gehorsam sich gefühlet.
O wollte Gott, mir möchte
Bevor der Schuß nach diesen heil'gen Blättern
So frech gezielt, die Rechte
Sein Feuer selbst zerschmettern!
Behalte Geld und Habe
Und Leben, nur dieß Buch will ich zur Gabe;
Und gebe wer von euch ihm das Geleite
Bis in die sich're Weite.

Alberto
    Irè rogando
al Señor, te dè luz para que veas
el error en que vives.

Eusebio
    Si deseas
mi bien, pidele à Dios, que no permita
muera sin confession.

Alberto
    Yo te prometo
serè Ministro en tan piadoso efecto,
y te doy mi palabra,
(tanto en mi pecho tu clemencia labra)
que si me llamas en qualquiera parte,
dexarè mi desierto,
por ir à confesarte:
un Sacerdote soy, mi nombre Alberto.

Eusebio
Tal palabra me dàs?

Alberto
Y la confiesso
con la mano

Eusebio
Otra vez tus plantas beso.

    Vase, y sale Chilindrina, vandolero

Chilindrina
Hasta venir à hablarte
el monte atravesè de parte à parte.

Eusebio
Què ay, amigo?

Chilindrina
Dos nuevas harto malas.

Eusebio
A mi temor el sentimiento igualas:
què son?

Alberto
Ich will den Herrn anflehen,
Daß du, erleuchtet, magst den Irrthum sehen,
Worin du lebst.

Eusebio
    Willst du mir Heil erwerben,
So bitte Gott, daß er nicht wolle sterben
Mich ohne Beichte lassen.

Alberto
    Das verheiß' ich,
Ein will'ger Diener himmlischem Erbarmen.
Und dieses Eine weiß' ich,
Mein Herz muß so von deiner Mild' erwarmen,
Wenn du mich rufst, werd' ich dich sicher hören;
Wo ich auch sey, mich meiner Wüst' entreiß' ich,
Um Beichte dich zu hören:
Ein Priester bin ich, und Alberto heiß' ich.

Eusebio
Giebst du dieß Wort?

Alberto
    Die Hand darauf.

Eusebio
    Ich küsse
Dir abermals die Füße.

    Alberto mit Ricardo und den Räubern ab.
    Chilindrina kommt

Chilindrina
Von einer Höh zur andern
Mußt' ich die Berge bis zu dir durchwandern.

Eusebio
Was bringst du, Freund?

Chilindrina
    Zwey schlimme Neuigkeiten.

Eusebio
Mein banges Ohr muß sich darauf bereiten:
Sag an!

Chilindrina
    Es la primera,
(decirla no quisiera)
que al padre de Lisardo
han dado . . .

Eusebio
    Acaba, que el efecto aguardo.

Chilindrina
Comisión de prenderte, ú de matarte

Eusebio
Essotra nueva temo
mas, porque con un confuso estremo
al corazon parece que camina
toda el alma, adivina
de algun futuro daño.
què ha sucedido?

Chilindrina
    A Julia . . .

Eusebio
No me engaño
en prevenir tristezas,
si para ver mi mal, por Julia empiezas:
Julia no me dixiste?
Pues esso baste para verme triste:
mal aya, amen la rigurosa estrella,
que me obligò à querella:
en fin, Julia, prosigue.

Chilindrina
En un Convento
seglar està.

Eusebio
    Yà falta el sufrimiento
què el Cielo me castigue
con tan grandes venganzas
de perdidos deseos,
de muertas esperanzas,
que de los mismos zelos,
por quien me dexa vengo à tener zelos!

Chilindrina
    Es ist die eine,
(Brächt' ich doch lieber keine!)
Daß des Lisardo Vater —

Eusebio
Vollende: was beschloß er oder that er?

Chilindrina
Den Auftrag hat empfangen,
Dich zu erschlagen oder einzufangen.

Eusebio
Noch mehr scheu' ich das zweyte,
Weil mir zum Herzen sich, in irrem Streite,
Die ganze Seele dränget,
Wie von dem Leid, das über sie verhänget,
Vorahnend schon betroffen.
Was ist begegnet?

Chilindrina
    Julia —

Eusebio
    Wohl getroffen
Hab' ich's mit trüben Sinnen,
Wenn dein Bericht mit Julien muß beginnen.
Sprachst du nicht Juliens Namen?
Das war genug, daß mir die Sorgen kamen.
Fluch sey dem Unglücksstern, der, sie zu lieben,
Feindselig mich getrieben!
Nun, Julia, fahre fort: —

Chilindrina
    Ist eingeschlossen
In einem Kloster.

Eusebio
    Fast bin ich verdrossen
Geduldig noch zu tragen,
Daß mich der Himmel will so grausam schlagen,
Mein Hoffen und mein Werben
So tödlich mir verderben,
Daß auf den Himmel selber, der uns trennt,
Die Eifersucht in meiner Brust entbrennt.

Mas yà tan atrevido,
que viviendo matando,
me sustento robando,
no puedo ser peor de lo que he sido:
despeñese el intento,
pues yà se ha despeñado el pensamiento:
llama à Celio, y Ricardo.
(Amando muero!)

Chilindrina
Voy por ellos.

    Vase.

Eusebio
Vè, y diles que aquí espero:

asaltarè el Convento que la guarda,
ningun grave castigo me acobarda,
que por verme señor de su hermosura,
tyrano amor me fuerza
à acometer la fuerza,
à romper la clausura
y à violar el sagrado,
que ya del todo estoy desesperado:
pues si no me pusiera
amor en tales puntos,
solamente lo hiciera
por cometer tantos delitos juntos.

    Salen Gil y Menga

Menga
Mas que encontramos con èl,
segun mezquina nacì

Gil
Menga, yo no voy aqui?
no temas esse cruel
Capitan de Buñuleros,
ni el hallarlos te alborote,
que honda llevo yo, y garrote.

Doch, schont so weit verwildert,
Daß ich, dem Raub ergeben,
Durch Morden nur kann leben,
Da doch kein Schonen meine Frevel mildert,[43]
So brech' aus allen Schranken
Die That, wie sie durchbrochen die Gedanken.
Ruf Celio und Ricardo. — Ich vergehe
Vor Liebe noch.

Chilindrina
    Ich gehe.

Eusebio
Sag' ihnen, daß ich hier erwartend stehe.

Chilindrina ab.
Ich will das Kloster stürmen, das sie hütet;
Mich schreckt es nicht, wie hart die Strafe wütet.
Denn um mir ihre Schönheit zu erringen,
Zwingt mich gewalt'ges Lieben
Gewaltthat zu verüben,
In die Klausur zu dringen,
Das Heiligthum zu schänden,
Und so, wie ein Verzweifelter, zu enden.
Ja wenn auch nicht die Liebe
Zu solcher That mich triebe,
Doch würd' ichs unternehmen,
Um die begangenen Frevel zu beschämen.

    Gil und Menga kommen.

Menga
Wenn wir ihm nur nicht begegnen!
Ich bin solch ein Unglückskind.

Gil
Bin ich denn nicht bey dir, Kind?
Fürchte du nicht den verwegnen
Hauptmann von den Straßenräubern;
Dich zu schützen hab' ich Mittel,
Hier die Schleuder und den Knittel.

Menga
Temo, Gil, sus hechos fieros,
sino, à Silvia à mirar ponte,
quando aqui la acometiò,
que doncella al monte entrò,
y dueña saliò del monte,
que no es peligro pequeño.

Gil
Conmigo fuera cruel,
que también entro doncel,
y pudiera salir dueño.

Reparan en Eusebio

Menga
Ha señor, que và perdido,
que anda Eusebio por aqui.

Gil
No eche, señor, por aì.

Eusebio [Aparte.]
Estos no me han conocido,
y quiero disimular.

Gil
Quiere que aquesse ladron
le mate?

Eusebio
Villanos son:
con què podrè yo pagar
ese aviso?

Gil
    Con huir
de ese bellaco.

Menga
    Si os coge,
señor, aunque no le enoge
ni vuestro hacer, ni decir,
luego os matarà; y creed
que con poner, tras la ofensa

Menga
Ach er macht es schlimm mit Weibern!⁴⁴
Wie wars Silvien letzt' bekommen,
Die es traf von ungefähr:
Als ein Mädchen ging sie her,
Um als Frau nach Haus zu kommen.
Sollte mir das auch geschehen!

Gil
Für mich wär's ein schlimmes Ding,
Da ich her als Bursche ging,
Als ein Herr von hier zu gehen.

Sie treffen auf den Eusebio.

Menga
Herr, ihr seyd verirrt: lenkt ein!
Der Eusebio haust dahier.

Gil
'S ist nicht sicher, glaubt es mir.⁴⁵

Eusebio   beyseit
Unbekannt bin ich den zwey'n,
So verstell' ich mich mit ihnen.

Gil
Wollt ihr auf den Strauchdieb lauern,
Der euch todtschlägt?

Eusebio   beyseit
　　Es sind Bauern. —
Sagt, womit kann ich euch dienen
Für den Rath?

Gil
　　Mit hurt'gem Fliehn
Vor dem Schelmen.

Menga
　　Kriegt er euch,
Bester Herr, und habt ihr gleich
Niemals scheel gesehen auf ihn,
Bringt er euch ums Leben doch;
Wenn er dann ein Kreuz euch steckt

una Cruz encima, piensa
que os hace mucha merced.

  Salen Ricardo, y Celio.

Ricardo
Dònde le dexaste?

Celio
  Aqui.

Gil
Es un ladron, no le esperes.

Ricardo
Eusebio, què es lo que quieres?

Gil
Eusebio le llamò?

Menga
  Sì.

Eusebio
Yo soy Eusebio, què os mueve
contra mì? No ay quien responda?

Menga
Gil, tienes garrotte, y honda?

Gil
Tengo el diablo que te lleve.

Celio
Por los apacibles llanos
que hace del monte la falda,
à quien guarda el Mar la espalda,
vì un escuadron de villanos,
que armado contra tì viene,
y pienso que se avecina,
que assi Curcio determina
la venganza que previene:
mira què piensas hacer,
junta tu gente, y partamos.

Eusebio
Mejor es que aora huyamos,
que esta noche ay mas que hacer.

Auf die Erde, die euch deckt,
Hält er's gar für Gnade noch.

Ricardo und Celio kommen.

Ricardo
Wo verließest du ihn?

Celio
    Da

Gil
'S ist ein Räuber, laß uns trollen.

Ricardo
Sag, Eusebio, was wir sollen.

Gil
Nannt' er ihn Eusebio?

Menga
    Ja.

Eusebio
Wohl, der bin ich, unverhohlen.
Erst so keck und nun so still?[46]

Menga
Hast du Stock und Schleuder, Gil?

Gil
Ja den Teufel, dich zu hohlen!

Celio
Wo sich das Gebirg verliert
In der ebnen Felder Weiten,
Die sich bis ans Meer verbreiten,
Sah ich, gegen dich geführt,
Eine Bauernschaar in Waffen,
Die sich schienen uns zu nahn;
Curcio führt gewiß sie an
Um sich Rache zu verschaffen.
Überlegs, entschließ dich nun:
Ruf dein Volk, auf sie zu ziehen.

Eusebio
Besser ist es jetzt, wir fliehen,
Denn die Nacht giebt's mehr zu thun.

Venid conmigo los dos,
de quien justamente fio
la opinion, y el honor mio.

Ricardo
Muy bien puedes, que por Dios
que he de morir à tu lado.

Eusebio
Villanos, vida teneis,
solo porque le lleveis
à mi enemigo un recado.
Decid à Curcio, que yo
con tanta gente atrevida
solo defiendo la vida,
pero que le busco no.
Y que no tiene ocasion
de buscarme desta suerte,
pues no dì à Lisardo muerte
con engaño, ò con traycion.
Cuerpo à cuerpo le matè,
sin ventaja conocida,
y antes de acabar la vida,
en mis brazos le llevè
adonde se confessò
digna accion para estimarles;
mas que si quiere vengarse,
que he de defenderme yo.
Y aora, porque no vean
aquestos por donde vamos,
atados entre estos ramos,
vendados sus ojos sean,
porque no avisen.

Ricardo
    Aqui
ay cordel.

Celio
Pues llega presto.

Gil
De San Sebastiàn me han puesto.

Kommt ihr zwey, begleitet mich,
Ihr, auf die ich sicher baue,
Ehr' und Ruf euch gern vertraue.

Ricardo
Ja bey Gott! das kannst du: ich
Gehe in den Tod mit dir.

Eusebio
Bauern, euch schenk' ich das Leben,
Bloß um meinem Feind zu geben
Dieses zum Bescheid von mir:
Sagt dem Curcio, daß ich zwar
Mit so muthigen Gesellen
Für mein Leben mich will stellen,
Doch ich such' ihn nicht, fürwahr.
Und ich hab' ihm keinen Fug
So mich aufzuspähn gegeben,
Denn ich nahm Lisardo's Leben
Durch Verrath nicht noch Betrug.
Nein, im offnen Kampf erschlagen
Hab' ich ihn mit gleichen Waffen,
Und, eh' ihn der Tod entraffen
Konnt', in meinem Arm getragen,
Wo man Beicht' ihn mochte hören;
Dafür sollt' ich Dank gewinnen:
Doch will er auf Rache sinnen,
Wohl, so muß ich auch mich wehren.
Jetzt, daß ich sie nicht sehn, hier die,
Wohinaus das Feld wir räumen,
Bindet fest an diesen Bäumen
Mit verbundnen Augen sie,
Denn der Feind wird sonst berichtet.[47]

Ricardo
Hier sind Stricke.

Celio
Frisch daran.

Gil
Ach zum Sankt Sebastian
Haben sie mich zugerichtet!

Menga
De San Sebastiàna à mì,
mas ate quanto quisiere,
señor, como no me mate.

Gil
Oye, señor, no me ate,
y puto sea yo si huyere:
jura tù, Menga, tambien
este mismo juramento.

Celio
Yà estàn atados.

Eusebio
Mi intento
se và executando bien.
La noche amenaza obscura
tendiendo su negro velo:
Julia, aunque te guarde el Cielo;
he de gozar tu hermosura.

Vanse los Vandoleros, dexando à Gil, y Menga atados.

Gil
Quièn avrà que aora nos vea,
Menga, aunque caro nos cueste,
que no diga que es aqueste
Peralvillo de la Aldea?

Menga
Vete llegando àzia aqui,
Gil, que yo no puedo andar.

Gil
Menga, venme à desatar,
y te desatarè à tì
luego al punto.

Menga
Vèn primero
tù, que yà estàs importuno.

Menga
Mich zur Sankt Sebastienne.
Aber bind' er, wie er will,
Lieber Herr, ich halte still,
Schlacht' er nur nicht Hahn und Henne.[48]

Gil
Herr, nicht binden, hört mich an,
Und ein Hundsfott, wenn ich weiche!
Menga, schwör auch du das gleiche.

Celio
So, das wär geschehen.

Eusebio
   Wohlan!
Schon auf schwarzen Wolkensitzen
Will den Mantel Nacht entfalten:
Trotz des Himmels Schirm und Walten,
Julia, muß ich dich besitzen.[49]

   Die Räuber ab; Gil und Menga bleiben gebunden zurück.

Gil
Käme jetzo wer dazu,
Menga, sollt' er wohl nicht denken,
Wie wir uns auch möchten kränken,
Dieß wär doppelt Blindekuh?[50]

Menga
Gil, du siehst, ich kann nicht gehen:
Komm doch, die paar Schritte bloß.

Gil
Menga, binde du mich los,
Und es soll sogleich geschehen.

Menga
Komm zuerst, es ist mit dir
Immer gar nichts anzufangen.

Gil
Es decir, que vendrà alguno?
pondrè que falta un harriero
las tres anades cantando;
un caminante pidiendo,
un estudiante comiendo,
una santera rezando,
oy en aqueste camino,
lo que à ninguno faltò,
mas la culpa tengo yo.

Dentro
Azia esta parte imagino
que oygo voces, llegad presto.

Gil
Señor, en buena hora acuda
à desatar una duda
en que ha rato que estoy puesto.

Menga
Si acaso buscais, señor,
por el monte algun cordèl,
yo os puedo servir con èl.

Gil
Este es mas gordo y mijor.

Menga
Yo, por ser muger, espero
remedio en las ansias mias.

Gil
No repare en cortesìas,
desateme à mì primero.

  Salen Tirso, Bràs, Curcio, y Octavio.

Tirso
Azia aquesta parte suena
la voz

Gil
Que te quemas.

Gil
Ach, es ist uns schlimm ergangen![51]
Denn ich wett', es fehlt uns hier,
Was man überall kann haben:
Handwerksburschen, Maulthiertreiber
Die da singen, Beteweiber
Die da sammeln milde Gaben.[52]
Niemand wandert hier vorüber,
Uns zum Possen muß es seyn:
Doch die Schuld ist freylich mein.

Hinter der Szene.
Stimmen hör' ich dort herüber,
Wie mich dünkt; kommt schleunig her!

Gil
Herr, seyd schönstens her entboten!
Löst mir einen Zweifelsknoten,
Der mich lang gedrückt hat schwer.

Menga
Sucht ihr etwan einen Strick,
Herr, in diesem Waldrevier:
Kommt! ihr findet ihn bey mir.

Gil
Meiner ist noch 'mal so dick.

Menga
Steht mir in den Nöthen bey,
Ich bin ja ein Frauenzimmer.

Gil
Macht am ersten mich nur immer
Ohne Complimente frey.

Tirso, Blas, Curcio und Octavio kommen nebst andern Bewaffneten.

Tirso
Hier von dieser Seite her
Kam der Ton.

Gil
    Es brennt.

Tirso
Gil,
què es esto?

Gil
El diablo es sutìl,
desata, Tirso, y mi pena
te dirè despues.

Curcio
Què es esto?

Menga
Venga en buena hora, señor,
à castigar un traydor.

Curcio
Quièn desta suerte os ha puesto?

Gil
Quien? Eusebio, que en efecto,
dice; pero què sé yo
lo que dice, èl nos dexò
aqui en semejante aprieto.

Tirso
No llores pues, que no ha estado
oy muy poco liberal
contigo.

Blas
No lo ha hecho mal,
pues à Menga te ha dexado.

Gil
Ay Tirso, no lloro yo
porque piadoso no fue.

Tirso
Pues por què lloras?

Gil
Por què?
porque à Menga se dexò:
la de Anton llevò, y al cabo
de seis, que no parecia,
hallò à su muger un dia,

Tirso
         Was ist,
Gil?

Gil
Der Teufel steckt voll List,
Tirso; binde los, nachher
Sollst du meine Noth erfahren.

Curcio
Was ist das?

Menga
         Ach Herr Patron,
Gebt dem Böswicht seinen Lohn!

Curcio
Wer ist so mit euch verfahren?

Gil
Wer? Eusebio, und es hieß
Mich euch sagen — was weiß ich?
Kurz, er wars, der sie und mich
Hier in solchem Elend ließ.

Tirso
Weine nicht, du hast ja noch
Große Gunst von ihm empfangen.

Blas
Ja, es ist dir gut gegangen,
Ließ er dir die Menga doch.

Gil
Daß er mir solch Leid erwies,
Freund, da wein' ich ja nicht drum.

Tirso
Warum weinst du denn?

Gil
         Warum?
Weil er mir die Menga ließ.
Antons braut nahm er mit fort;
Da der sie am sechsten Tag
Wiederfand, gabs ein Gelag,

hicimos un bayle bravo
del hallazgo, y gastò cien reales.

Blas
Bartolo no se casó
con Catalina, y pariò
à seis meses no cabales?
y andaba con gran placer
diciendo: Si tu le viesses,
lo que otra hace en nueve meses,
hace en cinco mi muger.

Tirso
Ello no ay honra segura.

Curcio
Que esto llegue à escuchar yo
deste tyrano? quièn viò
tan notable desventura?

Menga
Cómo destruirle piensa,
que hasta las mismas mugeres
tomarèmos, si tú quieres,
las armas contra su ofensa.

Gil
Que aqui acude es lo mas cierto,
y toda esta procession
de Cruzes que miras, son,
señor, de hombres que ha muerto.

Octavio
Es aqui lo mas secreto,
de todo el monte.

Curcio
Y aqui
fue, Cielos, donde yo vì
aquel milagroso efecto
de inocencia, y castidad,
cuya beldad atrevido,
tantas veces he ofendido
con dudas, siendo verdad
un milagro tan patente.

Wo getanzt ward wie auf Mord,
Und war Landwein ausgestochen.[53]

Blas
Wie der Bartel Kätchen nahm,
Nicht sechs Monat wars, da kam
Schon die junge Frau in Wochen,
Und man sah vor Freud' ihn nun
Rühmend zu den Nachbarn wandern:
Was neun Monat braucht bey andern,
Kann mein Weib in fünfen thun.

Tirso
Ja, er schont nicht Ehr' und Ruf.

Curcio
Muß ich das von dem Barbaren
Noch zu meiner Schmach erfahren,
Der mir solches Leiden schuf?

Menga
Soll er so noch länger streifen
Durch das Land?[54] Mach ihm ein Ende
Herr, und selbst der Weiber Hände
Werden zu den Waffen greifen.

Gil
Und dies ist sein Hauptquartier.
All die Kreuze da bedeuten
Gräber von erschlagnen Leuten;
'S ist ja wie ein Kirchhof hier.[55]

Octavio
Dieß ist die geheimste Gegend
Des Gebirges.

Curcio
    Und hier war es,
Himmel, wo ein offenbares
Wunder, tief mich noch bewegend,
Holde Unschuld einst vertheidigt,
Rein und keusch sie mir bewährt,
Und die Schönheit hoch verklärt,
Die mein Argwohn frech beleidigt.[56]

Octavio
Señor, què nueva passion
causa tu imaginacion?

Curcio
Rigores que el alma siente
son, Octavio, y mis enojos
para publicar mi mengua,
como los niego à la lengua,
me vàn saliendo à los ojos.
Haz, Octavio, que me dexe
solo essa gente que sigo,
porque aqui de mì, y conmigo
oy à los Cielos me quexe.

Octavio
Ea, Soldados, despejad.

Blas
Què decís?

Tirso
Què pretendeis?

Gil
Despojad, no lo entendeis?,
que nos vamos à espulgar.

Vanse.

Curcio
A quièn no avra sucedido,
tal vez, lleno de pesares,
descansar consigo a solas,
por no descubrirse à nadie?
Yo, à quien tantos pensamientos
à un tiempo afligen, que hacen
con lagrimas, y suspiros
competencia al Mar y al Ayre,
Compañero de mì mismo
en las mudas soledades,
con la pension de mis bienes
quiero divertir mis males:
Ni las aves, ni las fuentes

Octavio
Herr, welch eine Leidenschaft
Weckt dir solche Einbildungen?

Curcio
Schmerz, der mich vorlängst durchdrungen,
Doch von ungeschwächter Kraft.[57]
Ach Octavio! und mein Gram,
Wenn ich auf der Zung' ihn hemme,
Überschwillt der Augen Dämme,
Kund zu machen meine Scham.
Laß, o Freund, die Menge sich,
Die ich führe, hier entfernen:
Daß ich einsam bey den Sternen[58]
Selber klage wider mich.

Octavio
Fort, Kamaraden, packt euch leise!

Blas
Was solls geben?

Tirso
    Wie meynt ihr?

Gil
Kommt, uns laufen sollen wir;
Sagt er nicht, packt euch die Läufe?

   Alle ab, außer Curcio

Curcio
Wem wohl ist es nicht begegnet,
Daß er, voll von seiner Trauer,
Einsam sich mit sich besprochen,
Um sich keinem zu vertrauen?
Ich nun, den so viel Gedanken
Drängen, daß mit Thränenschauern,
Und mit ihrer Seufzer Sturme
Sie wie Meer und Lüfte brausen,
Selbst mein einziger Gefährte
In der öden Stille Grauen,
Will des vor'gen Glücks Erinnrung
Mildernd auf mein Leiden thauen.
Noch die Vögel, noch die Quellen

sean testigos bastantes,
que al fin, las fuentes murmuran,
y tienen lengua las aves.
No quiero mas compañia
que aquestos rusticos sauzes,
pues quien escucha, y no aprende,
serà fuerza que no hable.
Teatro este monte fue
del sucesso mas notable,
que entre prodigios de zelos
cuentan las antiguedades.
De una inocente verdad,
pero quièn podrà librarle
de sospechas, en quien son
mentirosas las verdades?
Muerte de amor son los zelos,
que no perdonan à nadie,
ni por humilde le dexan,
ni le respetan por grave.
Aqui, pues, donde yo digo,
Rosmira, y yo; de acordarme,
no es mucho que el alma tiemble,
no es mucho que la voz falte,
que no ay flor que no me asombre,
no ay hoja que no me espante,
no ay piedra que no me admire,
tronco que no me acobarde,
peñasco que no me oprima,
monte que no me amenace,
porque todos son testigos
de una hazaña tan infame.
Saquè al fin la espada, y ella,
sin temerme, y sin turbarse,
porque en riesgos de honor, nunca
el inocente es cobarde:
Esposo, dixo, détente,
no digo que no me mates,
si es tu gusto, porque yo
còmo he de poder negarte
la misma vida que es tuya?
solo te pido que antes
me digas por lo que muero,

Sollen meinen Reden lauschen,
Denn die Vögel haben Zungen,
Und die Quellen können rauschen.
Nur der ländlichen Gesellschaft
Dieser Weiden will ich trauen,
Denn wer hört und nicht vernimmt,
Dem ist's wohl versagt zu plaudern.
Dieß Gebirge war die Bühne
Eines Vorfalls, so erstaunlich,
Wie von eifersücht'gen Thaten
Nie die alte Welt noch schaute;
Und das an unschuld'ger Treue:
Aber wer kann miszutrauen
Sich erwehren, dem ihr Wesen
Wahrheit mit der Lüge tauschte?
Eifersucht ist Tod der Liebe,
Jederman wird ihr zum Raube:[59]
Sie verschmähet nicht den Niedern,
Zagt vor keinem würd'gen Haupte.
Hier nun also, wo ich sage,
Rosamir' und ich — doch schaudern
Muß die Seele, wenn sie's denket,
Und der Stimme fehlen Laute,
Denn mich schreckt hier jede Blume,
Jedes Blatt erregt mir Grausen,
Jeden Stein erblick' ich ahndend,[60]
Jeden Stamm mit bangem Staunen,
Felsen wollen mich erdrücken,
Mich bedrohn der Berge Brauen:[61]
Alle haben ja als Zeugen
Die verruchte That belauschet.
Kurz, ich zog den Degen; jene
Ließ nicht Furcht noch Zweifel schauen,
Denn da, wo's um Ehre gilt,
Kann auf Muth die Unschuld bauen.
Halt, sprach sie, Gemahl! Du magst mir,
Wenn's dich freut, das Leben rauben:
Denn wie könnt' ich gegen dich,
Dieß, das dein ist, wohl behaupten?
Sag' mir nur, warum ich sterbe,
Eh dein Stahl in Blut sich tauchet,
Und laß dich in meine Arme

y dexame que te abrace.
Yo la dixe: En tus entrañas,
como la vivora, traes
à quien te ha de dàr la muerte,
indicio ha sido bastante
el parto infame que esperas;
mas no lo veràs, que antes,
dandote muerte, serè
verdugo tuyo y de un Angel.
Si acaso, me dixo entonces-,
si acaso, esposo, llegaste
à creer flaquezas mias,
justo serà que me mates:
mas à esta Cruz abrazada,
à esta que estaba delante,
prosiguiò-, doy por testigo
de que no supe agraviarte,
ni ofenderte, que ella sola
serà justo que me ampare:
Bien quisiera entonces yo,
arrepentido, arrojarme
à sus pies, porque se via
su inocencia en su semblante.
El que una traycion intent,
antes mire lo que hace,
porque una vez declarado,
aunque procure enmendarse,
por decir que tuvo causa,
lo ha de llevar adelante.
Yo, pues, no porque dudaba
ser la disculpa bastante,
sino porque mi delito
mas amparado quedasse,
el brazo levante ayrado,
tirando por varias partes
mil heridas, pero solo
las execute en el ayre.
Por muerta al pie de la Cruz
quedò, y queriendo escaparme,
à casa lleguè, y hallèla
con mas belleza que sale
el Alva, cuando en sus brazos

DIE ANDACHT ZUM KREUZE

Schließen vor dem letzten Hauche,[62]
Darauf sagt' ich: Dein Verderben,
Wie's die Viper trägt im Bauche,
Hegst du in dem eignen Schooße:
Deiner Schande zeugt, du Schlaue,[63]
Die Geburt, die du erwartest;
Doch du wirst sie nicht ausdauern,
Dein und eines Engels Henker
Will ich mit dem Mord nicht zaudern.
Hast du, sprach sie da, mein Gatte,
Hast du etwa können glauben,
Daß ich mich an dir vergangen,
So nimm Rach' am schuld'gen Haupte.[64]
Durch dieß Kreuz, das ich umarme,
(Vor uns stand eins) sey's beglaubigt,
Fuhr sie fort, daß ich dir nimmer
Meine Treu verletzt, du Trauter,[65]
Noch die Schmach gethan; dieß einzig
Sey mein Schutz und meine Mauer.
Da nun hätt' ich reuevoll
Gerne mich vor ihr im Staube
Hingeworfen, denn die Unschuld
Leuchtet ihr aus Mien' und Augen.
Wer Verrath gedenkt zu üben,
Mag es erst wohl überschauen:
Hat er einmal sich erklärt,
Möcht' ers auch zurück dann kaufen,
Muß er doch die That vollenden,
Um sein Recht nur zu behaupten.
Ich also, nicht weil ich zweifelnd
Der Rechtfertigung nicht traute,
Sondern weil ich so den Frevel
Besser zu beschön'gen glaubte,
Hob den Arm ergrimmt empor,
Und ich zielt' auf sie mit tausend
Stichen, doch verwundet' ich
Bloß die Luft mit eitlem Gaukeln.[66]
So ließ ich am Fuß des Kreuzes
Sie für todt, ich kam nach Hause
Um zu fliehn, und fand sie schöner
Als die Morgenröth' am blauen
Himmel, wenn die neugebohrne

nos presenta el Sol infante.
Ella en sus brazos tenia
à Julia, divina imagen
de hermosura y discrecion:
(què gloria pudo igualarse
à la mía?) que su parto
avia sido aquella tarde
al mismo pie de la Cruz,
y por divinas señales
con que al Mundo descubria
Dios un milagro tan grande,
la niña que había parido,
dichosa con señas tales,
tenia en el pecho una Cruz
labrada de fuego, y sangre:
pero que tanta ventura
templaba el que se quedasse
otra criatura en el monte,
que ella, entre penas tan graves
sintiò aver parido dos;
y yo entonces...

  Sale Otavio

Octavio
Por el valle
atraviessa un escuadron
de Vandoleros; y antes
que cierre la noche triste,
serà bien, señor, que baxe
à buscarlos, no obscurezca,
porque ellos el monte saben,
y nosotros no.

Curcio
  Pues junta
la gente vaya adelante,
que no ay gloria para mì,
hasta llegar a vengarme.

  Vanse, y salen Eusebio, Ricardo, y Celio con una escala

Sonn' in ihrem Arm zu schauen.
Julien hielt sie in den Armen,
Ähnlich einem zarten Traume
Himmlischer Holdseligkeit;
(Wer war froh wie ich bezaubert?)
Denn geschehn war die Geburt,
Eben als der Abend graute,
An dem Fuß desselben Kreuzes;
Und als Stempel heil'gen Glaubens,[67]
Als wodurch Gott solch ein Wunder
Kund that aller Welt zum Staunen,
Hatt' ihr neugebohrnes Mägdlein,
Mit dem Zeichen hoch betrauet,
Auf die Brust geprägt ein Kreuz,
Wie in Feur und Blut getauchet.
Einzig minderte dies Glück,
Daß auf dem Gebirge draußen
Noch ein andres Kind geblieben;
Denn sie, in der Wehen Schauer,
Fühlte, daß sie zwey gebohren.
Ich hierauf —

   Octavio kommt zurück

Octavio
   Ein starker Haufen
Räuber zieht sich durch das Thal,
Und da schon die Dämm'rung grauet,
Eh die Nacht hereinbricht, laß uns,
Herr, sie auf dem ebnen Raume
Treffen, denn in des Gebirges
Schluchten sind sie wie zu Hause,
Und wir fremd.

Curcio
   So laß geschlossen
Vor uns ziehn die Schaar der Bauern,[68]
Denn für mich giebts keine Lust,
Während noch die Rache zaudert.

   Alle ab.
   An der Klostermauer. Nacht[69]
   Eusebio, Ricardo, und Celio mit einer Leiter, treten auf.

Ricardo
Llega con silencio, y pon
à essa parte las escalas.

Eusebio
Icaro serè sin alas,
sin fuego serè Faeton:
escalar al Sol intento;
y si me quiere ayudar
la luz, tengo de passar
mas allà del Firmamento:
Amor, ser tyrano enseña;
en subiendo yo, quitad
essa escala, y esperad,
hasta que os haga una seña:
quien subiendo se despeña,
suba yo, y baxe ofendido,
en cenizas convertido,
que la pena del baxar,
no sera parte à quitar
la gloria de aver subido.

Ricardo
Què esperas?

Celio
 Pues què rigor
tu altivo orgullo embaraza?

Eusebio
No veis como me amenaza
un vivo fuego?

Ricardo
 Señor,
fantasmas son del temor.

Eusebio
Yo temor?

Celio
 Sube.

Eusebio
 Yà llego,
aunque a tantos rayos ciego,

Ricardo
Komm nur mit, hier am Gemäuer
Still die Leiter anzubringen.

Eusebio
Icarus nun ohne Schwingen,
Phaeton bin ich ohne Feuer.
Klimmen will ich zu der Sonne,
Und noch jenseits der Gestirne
Heb' ich bald empor die Stirne,
Stärkt mich nur des Lichtes Wonne.[70]
Liebe, lenk das wilde Streben! —
Wenn ich droben bin, nehmt ihr
Weg die Leiter, wartet hier,
Bis ich werd' ein Zeichen geben. —
Wer sich stürzt, um sich zu heben,
Steige denn, und falle nieder,
Eingeäschert seine Glieder:
Denn die Schmach des tiefen Falles,
Raubt ihm doch, wenn sonst auch alles,
Des Ersteigens Ruhm nicht wieder.[7]

Ricardo
Was verziehst du?

Celio
    Welch ein Schrecken
Hemmt nur deinen stolzen Muth?

Eusebio
Seht ihr nicht sich jene Glut
Drohend mir entgegen strecken?

Ricardo
Herr, das läßt dich Furcht entdecken.

Eusebio
Furcht?

Celio
    Hinan!

Eusebio
    Ich wills vollenden,
Ob mich schon die Blitze blenden:

por las llamas he de entrar,
que no podrà estorvar
de todo el Infierno el fuego.

Celio
Yà entrò.

Ricardo
Alguna fantasìa
de su mismo horror fundada,
en la idèa acreditada,
ò alguna ilusión serìa.

Celio
Quita la escala.

Ricardo
Hasta el dia
aqui le hemos de esperar.

Celio
Atrevimiento fue entrar,
aunque yo de mejor gana
me fuera con mi villana,
mas después avrà lugar.

  Vanse, y sale Eusebio

Eusebio
Por todo el Convento he andado
sin ser de nadie sentido,
y por quanto he discurrido,
de mi destino guiado,
à mil celdas he llegado
de Religiosas, que abiertas
tienen las estrechas puertas,
y en ninguna à Julia ví:
dònde me llevais assi,
esperanzas siempre inciertas?
què horror! què silencio mudo!
què obscuridad tan funesta!
luz ay aqui, celda es esta,
y en ella Julia: què dudo?

Durch die Flammen dring' ich ein;
Ja es soll nicht den Verein
Aller Brand der Hölle wenden.

Celio
Nun ist er hinein.

Ricardo
    Ihm lag
Irgend ein Fantom im Sinne,
Und er ward, verwirrt, nicht inne,
Daß der Schreck ihn täuschte.

Celio
    Trag
Weg die Leiter.

Ricardo
    Bis vor Tag
Müssen wir nun wartend stehn.

Celio
Tollkühn wars hineinzugehn.
Zwar für mich wärs mehr Ergetzen,
Mich bey meiner Bäurin letzen;
Doch das kann nachher geschehn.

    Klostergang[72]
    Eusebio tritt auf.

Eusebio
Hier bis in des Klosters Mitten[73]
Hat mich niemand noch verspürt
Wo mein Schicksal mich geführt,
Daß ich mit behenden Tritten
Durch die Gänge hingeschritten,
Hab' ich Zellen viel getroffen,[74]
Ihre schmalen Pförtchen offen:
Julien sah ich nur in keiner.
Spottest du den ewig meiner,
Allzeit ungewisses Hoffen?[75]
Welch ein Graun! Welch tiefes Schweigen!
Welches Düster! — Eine Helle
Seh ich, das ist eine Zelle
Und sie will mir Julien zeigen.[76]

Corre una Cortina, y està Julia durmiendo.
Tan poco el valor ayudo,
que aora en hablarla tardo?
què es lo que espero? què aguardo?
mas con impulso dudoso,
si me animo temeroso,
animoso me acobardo.
Mas belleza la humildad
deste trage la assegura,
que en la muger la hermosura
es la misma honestidad:
Su peregrina beldad,
de mi torpe amor objeto,
hace en mi mayor efecto,
que à un tiempo à mi amor incito,
con la hermosura apetito,
con la honestidad respeto:
Julia? ha Julia?

Julia
Quien me nombra?
Cielos, què es lo que veo?
eres sombra del deseo,
ù del pensamiento sombra?

Eusebio
Tanto el mirarme te assombra.

Julia
Pues quièn avrà que no intente
huir de tí?

Eusebio
Julia, detente

Julia
Què quieres, forma fingida,
de la idèa repetida?
solo à la vista aparente?
Eres para pena mía,
voz de la imaginacion?
retrato de la ilusion?
cuerpo de la fantasìa?
fantasma en la noche fria?

Er zieht einen Vorhang weg, und man sieht Julien schlafend.
Welcher Zweifel hält mich feigen?
Kann ich sie zu wecken zaudern?
Thöricht mit mir selbst noch plaudern?[77]
Doch in zweifelhaftem Stand,
Wenn sich meine Furcht ermannt,
Muß mein Muth bald furchtsam schaudern.
Dieses demuthsvolle Kleid
Läßt noch schöner sie mich schauen:
Ist die Schönheit bey den Frauen
Eins doch mit der Sittsamkeit.
Ihre holde Lieblichkeit,
Gegenstand so frecher Triebe,
Macht, daß ich gedoppelt liebe;
Denn es weckt zugleich in mir
Schönheit lüsterne Begier,
Sittsamkeit bescheidne Liebe.
Julia, hör![78]

Julia erwachend
Wer nennt mich dort?
Gott, was seh' ich mir sich nahn?
Meiner Brust erträumter Wahn,
Meines Wahnes Traumbild, fort![79]

Eusebio
Schreckt dich so mein Blick und Wort?

Julia
Keine menschliche Gewalt
Hindert mich zu fliehn.[80]

Eusebio
  O Halt!

Julia
Was willst du, die mir sich weist,
Abgeschattet aus dem Geist,
Leere trügliche Gestalt?
Bist du, mir zu Qual und Trauer,
Stimme meiner Fantasey,
Meiner Sinne Gaukeley,
Bildung ohne Halt und Dauer,
Und Fantom der nächt'gen Schauer?

Eusebio
Julia, escucha, Eusebio soy,
que vivo à tus pies estoy,
que si el pensamiento fuera,
siempre contigo estuviera.

Julia
Desengañandome voy
con oirte, y considero
que mi recato ofendido,
mas te quisiera fingido,
Eusebio, que verdadero.
donde yo llorando muero,
donde yo vivo penando,
Què quieres? estoy temblando!
què buscas? estoy muriendo!
què emprendes? estoy temiendo!
què intentas? estoy dudando!
Còmo has llegado hasta aquì?

Eusebio
Todo es estremos amor,
y mi pena, y tu rigor
oy han de triunfar de mì:
hasta verte aqui, sufrì
con esperanza segura;
pero viendo tu hermosura
perdida, he atropellado
el respeto del sagrado,
y la ley de la clausura.
De lo cierto, ù de lo injusto,
los dos la culpa tenemos,
y en mì vienen dos estremos,
que son la fuerza, y el gusto:
no puede darle disgusto
al Cielo mi pretension,
antes desta execucion,
casada eras en secreto,
y no cabe en un sujeto
Matrimonio, y Religion.

Julia
No niego el lazo amoroso,
que hizo con felicidades

Eusebio
Dein Eusebio, Julia,
Bin ich, stehe lebend da;
Wär' ich es nur in Gedanken,
Würd' ich nimmer von dir wanken.

Julia
Fast begreif' ich, was geschah,
Doch es wünscht, wenn ichs betrachte,
Lieber die verletzte Zucht,
Daß mich nur dein Bild besucht,
Als daß ich dich wirklich achte,
Hier wo ich in Pein verschmachte,
Hier wo ich in Thränen lebe.
Was willst du von mir? — ich bebe, —
Was suchst du? — ich muß verzagen, —
Was will dein Beginnen wagen? —
O der Angst, worin ich schwebe! —
Sag, wie bist du eingedrungen?

Eusebio
Keine Grenzen kennt die Liebe:
Deine Streng' und meine Triebe
Haben mich so weit bezwungen.
Hoffend hab' ich still gerungen,
Bis ich deiner Schönheit Spur,
Mir verlohren, hier erfuhr:
Da wandt' ich mich zur Empörung,
Brach des Heiligthums Verehrung,
Und die Regel der Klausur.
Was hier recht und fehl begangen
Kommt aus unser Beyder Brust;
Zweyerley, Gewalt und Lust,
Hat der That sich unterfangen.
Nein, es wird durch mein Verlangen
Nicht des Himmels Recht getrübt:
Eh du diesen Stand geübt,
Warst du heimlich mir vermählet,
Und zugleich wird nicht erwählet
Ehstand und ein fromm Gelübd.

Julia
Ich gesteh' das Liebesband,
Das zu sel'gen Huldigungen

unir à dos voluntades,
que fue su efecto forzoso,
que te llamè amado esposo
y que todo esso fue assi,
confiesso; pero ya aqui,
con voto de Religiosa,
à Christo de ser su esposa
mano, y palabra le dì.
Yà soy suya, què me quieres?
vete, porque el mundo assombres,
donde mates à los hombres,
donde fuerces las mugeres:
vete, Eusebio, yà no esperes
fruto de tu loco amor,
para que te cause horror,
que estoy en sagrado piensa.

Eusebio
Quanto es mayor tu defensa,
es mi apetito mayor.
Yà las paredes saltè
del Convento, yà te vì,
no es amor quien vive en mì,
causa mas oculta fue:
cumple mi gusto, ò dirè
que tù misma me has llamado,
que me has tenido encerrado
en tu celda muchos dias:
y pues las desdichas mias
me tienen desesperado,
darè voces: Sepan . . .

Julia
      Tente,
Eusebio, mira . . . (ay de mì!,
passos siento por aqui,
al Coro atraviessa gente:
Cielos, no sè lo que intente,
cierra essa Celda, y en ella
estaràs, pues atropella
un temor a otro temor.

Herz und Seel' in eins verschlungen,[81]
Und mich so dir zugewandt,
Daß ich Gatte dich genannt.
Daß sich alles so begeben,
Läugn' ich nicht: doch jenes Leben
Sezt die Nonne nicht mehr fort,
Und ich habe Hand und Wort
Schon als Christus Braut gegeben.
Sein bin ich: was soll dein Lieben?
Geh, wo unter wilden Horden
Du die Männer magst ermorden,
Und Gewalt an Frauen üben.
Geh, Eusebio! Laß zerstieben
Jeder Hoffnung tollen Wahn;
Denk, und Grausen fall' dich an,
Daß ein Heiligthum mich schirmet.

Eusebio
Die Begier, die in mir stürmet,
Bricht durch alle Schranken Bahn.[82]
Schon der hohen Mauern Rund
Ist erstiegen, du gefunden:
Lieb' ists nicht, was mich verbunden,
Dieß ist ein geheim'rer Grund.
Gieb mir nach, sonst mach' ich kund,
Daß, auf dein Geheiß gekommen,
Ich von dir sey aufgenommen
Viele Tag' in Deiner Zelle;
Und da zu des Abgrunds Schwelle[83]
Ich verzweifelt hingeklommen,
Ruf ich: Wißt. —

Julia
    Was hast du vor?
Halt, Eusebio! Wehe mir!
Nahe Schritte hör' ich hier,
Irgend wer geht übers Chor.
Gott, was mach' ich? — Schließ das Thor
Meiner Zell', und kurzes Glück
Gönne dir der Augenblick,
Angst wird ja von Angst vertrieben.

Eusebio
Què poderoso es mi amor!

Julia
Què rigurosa es mi estrella!

  Vanse, y salen Ricardo, y Celio.

Ricardo
Yà son las tres, mucho tarda.

Celio
El que goza su ventura,
Ricardo, en la noche obscura,
nunca el claro Sol aguarda.
Yo apuesto que le parece
que nunca el Sol madrugò
tanto, y que oy apresurò
su curso.

Ricardo
  Siempre amanece
mas temprano à quien desea,
pero al que goza mas tarde.

Celio
No creas que al Sol aguarde
que en el Oriente se vea.

Ricardo
Dos horas son yà.

Celio
No creo
que Eusebio lo diga.

Ricardo
Es justo,
porque, al fin, son de su gusto
las horas de tu deseo.

Celio
No sabes lo que he llegado
oy, Ricardo, à sospechar?
que Julia le embiò à llamar.

Eusebio
Wie gewaltig ist mein Lieben!

Julia
Wie tyrannisch mein Geschick!

>*Beyde ab.*
>*An der Klostermauer.*[84]
>*Ricardo und Celio treten auf.*

Ricardo
'S ist drey Uhr, er zögert lange.

Celio
Wem der Stern der Freude funkelt,
Dem ist nie, wenn's nächtlich dunkelt,
Um die lichte Sonne bange,
Ja, ich wett', es ging der Morgen
Niemals zeitiger ihm auf,
Und ihm dünkt der Sonne Lauf
Heut beschleunigt.

Ricardo
    Wer geborgen
Im Genuß, macht später Tag,
Als wer ihn begehrt zu kosten.

Celio
Glaub mir, daß er gar im Osten
Nicht die Sonne sehen mag.

Ricardo
Schon zwey Stunden sind verflossen.

Celio
Glaub, Eusebio giebts nicht zu.

Ricardo
Ihr müßt anders rechnen: du
Hast geharrt, und er genossen.

Celio
Soll ich dir, Ricardo, sagen,
Wie ich mir es vorgestellt?
Julia hat ihn hinbestellt.

Ricardo
Pues si no fuera llamado,
quièn à escalar se atreviera
un Convento?

Celio
No has sentido,
Ricardo, à esta parte ruido?

Ricardo
Sì.

Celio
    Pues llega la escalera.

   Salen por lo alto Julia, y Eusebio.

Eusebio
Dexame, muger.

Julia
Pues quando
vencida de tus deseos,
movida de tus supiros,
obligada de tus ruegos,
de tu llanto agradecida,
dos veces à Dios ofendo,
como à Dios, y como à Esposo,
mis brazos dexas, haciendo
sin esperanzas desdenes,
y sin possession desprecios?
Dònde vàs?

Eusebio
Muger, què intentas?
dexame, que voy huyendo
de tus brazos, porque he visto
no sè què Diedad en ellos,
llamas arrojan tus ojos,
tus supiros son de fuego,
un volcàn cada razon,
un rayo cada cabello,
cada palabra es mi muerte,
cada regalo un Infierno:
tantos temores me causa

Ricardo
Sollt er einzubrechen wagen,
Wenn er nicht beschieden wär,
In ein Kloster?

Celio
　　Hörtest du
Nicht Geräusch nach dorten zu?

Ricardo
Ja.

Celio
　　So bring die Leiter her.

　　Julia und Eusebio erscheinen oben.

Eusebio
Laß mich, Weib!

Julia
　　Wie? da nun endlich
Deine Bitten mich bestechen,
Deine Wünsche mich besiegen,
Deine Seufzer mich bewegen,
Deine Thränen mich erweichen,
Daß ich zwiefach Gott verletze,
Erst als Gott und dann als Gatten:
Fliehst du meine Arme, wendest
Dich zum Trotz von der Gewährung,
Und verschmähst, eh du besessen?
Wohin willst du?

Eusebio
　　Weib, laß ab!
Deinen Armen zu entgehen,
Weil, ich weiß nicht welche Gottheit,
Die ich drin gesehen, mich schrecket.
Flammen sprühen deine Augen,
Deiner Seufzer Hauch ist brennend,
Jede Red' ist ein Vulcan,
Jedes Haar ein Strahl von Wettern,
Jedes Wort ist Tod, und Hölle
Deiner Liebkosungen jede.
Solch Entsetzen wirkt in mir

la Cruz que he visto en tu pecho,
señal prodigiosa ha sido,
y no permitan los Cielos
que aunque tanto los ofenda,
pierda à la Cruz el respeto:
pues si la hago testigo
de las cuplas que cometo,
con què verguenza despues
llamarla en mi ayuda puedo?
Quedate en tu Religion,
Julia, yo no te desprecio,
que mas aora te adoro.

Julia
Escucha, detente, Eusebio.

Eusebio
Esta es la escala.

Julia
Detente,
ò llevame allà.

Eusebio
No puedo, *[Baxa Eusebio.]*
pues que, sin gozar la gloria
que tanto esperè, te dexo.
Valgame el Cielo! caì. *[Cae.]*

Ricardo
Què ha sido?

Eusebio
No veis el viento
poblada de ardientes rayos?
No miras sangriento el Cielo,
que todo sobre mi viene?
dònde estar seguro puedo,
si ayrado el Cielo se muestra?
Divina cruz, yo os prometo,
y os hago solemne voto
con quantas clausulas puedo,
de en cualquier parte que os vea,

Das auf deiner Brust gesehne
Kreuz, ein wundervolles Zeichen.
Und der Himmel woll' es wenden,
Daß, ob ich ihn viel beleidigt,
Ich das Kreuz nicht mehr verehre.
Denn, wenn ichs zum Zeugen mache
Der von mir begangnen Frevel:
Sag, mit welcher Stimme rief' ichs
Dann wohl an, mich zu erretten?
Julia, halte dein Gelübd!
Du wirst nicht von mir verschmähet,
Mehr als je bet' ich dich an.

Julia
Hör, Eusebio! bleib! ich flehe.[85]

Eusebio
Das hier ist die Leiter.

Julia
 Bleib,
Oder laß mich mit dir gehen.

Eusebio *im herabsteigen.*
Nein, ich lasse dich, bevor ich
Den gehofften Preis besessen.
Ach, Gott steh mir bey! ich falle.

 Er fällt.

Ricardo
Was ist euch?

Eusebio
 Seht ihr von Wettern
Nicht ringsum die Lüfte lodern?
Seht ihr nicht den blutgefärbten
Himmel, der auf mich hereinbricht?
Wohin kann ich nur mich retten,
Wenn der Himmel zorning droht?
Göttlich Kreuz, sieh, ich verspreche,
Thu' ein feyerlich Gelübde,
Und betheur' es auf das stärkste:
Wo ich irgend dich erblicke,

las rodillas por el suelo,
rezar un Ave Maria

Levantase, y vanse los tres, dexando la escala puesta.

Julia
Turbada, y confuse quedo:
aquestas fueron, ingrate,
las firmezas? Estos fueron
los estremos de tu amor?
ò son de mi amor estremos.
Hasta vencerme à tu gusto,
con amenazas, con ruegos,
aqui amante, alli tyrano
porfiaste; pero luego
que de tu gusto, y mi pena
pudiste llamarte dueño,
antes de vencer huiste.
quièn, sino tù, venciò huyendo?
Muerta soy, Cielos piadosos!
Por què introduxo venenos
naturaleza, si avia,
para dàr muerte, desprecios?
Ellos me quitan la vida,
pues que con nuevo tormento
lo que me desprecia busco;
quièn viò tan dudoso efecto
de amor? Quando me rogaba
con mil lagrimas Eusebio,
le dexaba, pero aora,
porque èl me dexa, le ruego.
Tales somos las mugeres,
que contra nuestros deseos,
aun no querèmos dàr gusto
con lo mismo que querèmos.
Ninguno nos quiera bien,
si pretende alcanzar premio,
que queridas despreciamos,
y aborrecidas querèmos.
No siento que no me quiera,
solo que me dexe siento:
por aqui cayò, tras èl

Die Andacht zum Kreuze

Knie' ich nieder auf die Erde,
Und bet' ein Ave Maria.

*Er steht auf, und geht mit Ricardo und Celio ab;
sie lassen die Leiter stehen.*

Julia
In Verwirrung bleib ich stehen.
War dieß also, Undankbarer,
Deine Treue? Dieß die letzte
Höhe deiner Liebe? oder
Ist es meiner Liebe letztes?
Bis du mich nach deinem Willen
Überwandst, mit Drohn, mit Flehen,
Liebend bald und bald tyrannisch,
Hast du fest beharrt; doch eben
Da du Herrscher deines Willens,
Meiner Pein dich konntest nennen,
Flohst du vor dem Sieg: wer hat sich
Siegend je zur Flucht gewendet?
Ich vergehe, güt'ger Himmel!
Wozu brauchte gift'ge Säfte
Die Natur, da die Verschmähung
Da war, um den Tod zu geben?
Sie wird mich ums Leben bringen,
Denn ich muß nun den Verschmäher
Suchen, mir zu neuer Marter.
Wie verkehrt und widersprechend
Wirkt die Liebe! Da Eusebio
Mich mit tausend Thränen flehte,
Wandt' ich mich von ihm; und jetzo
Fleh' ich ihn, weil er sich wendet.
So geschaffen sind wir Frauen,
Daß wir, unserm Wunsch entgegen,
Selbst den Gegenstand der Liebe
Nimmer zu beglücken streben.
Niemand werbe doch um uns,
Wenn er will den Preis erwerben:
Denn geliebt, verschmähen wir;
Lieben, wenn man uns verschmähet.
Mich kränkt nicht der Liebe Mangel,
Daß er weg sich wendet, kränkt mich.
Hier fiel er hinab, ihm nach

me arrojarè; mas què es esto?,
esta no es escala? sì;
què terrible pensamiento!
detente, imaginacion,
no me despeñes, que creo,
que si llego à consentir,
à hacer el delito llego.
No saltò Eusebio por mì
las paredes del Convento?
no me holguè de verle yo
en tantos peligros puesto
por mi causa? Pues què dudo?
Què me acobardo? què temo?
Lo mismo harè yo en salir,
que èl en entrar, si es lo mesmo,
tambien se holgarà de verme
por su causa en tales riesgos.
Yà por haber consentido,
la misma culpa merezco,
que si es tan grande el pecado,
por què el gusto ha de ser menos?
Si consentì y me dexò
Dios de su mano, no puedo
de una culpa que es tan grande
tener perdon? pues què espero?

Baxa por la escala.
Al Mundo, al honor, à Dios,
hallo perdido el respeto,
quando à ceguedad tan grande
vendados los ojos buelvo.
Demonio soy, que he caìdo
despeñado deste Cielo,
pues sin tener esperanza
de subir, no me arrepiento.
Yà estoy fuera de sagrado,
y de la noche el silencio
con su obscuridad me tiene
cubierta de horror, y miedo.
Tan deslumbrada camino,
que en las tinieblas tropiezo,
y aun no caygo en mi pecado:

Die Andacht zum Kreuze

Stürz' ich mich: allein was seh' ich?
Ist dieß nicht die Leiter? Ja.
Welch Entsetzen, das zu denken!
O halt inne, Fantasie,
Alle Schranken durchzubrechen;
Denn ich glaube, geb' ichs zu,
So begeh' ich das Verbrechen.
Sprang Eusebio nicht um mich
Über dieses Klosters Wände?
War ich in so viel Gefahren
Ihn zu sehen meinetwegen
Nicht erfreut? warum denn zweifl' ich?
Warum zag' ich und erbebe?
Eben so brech' ich hinaus
Wie er ein, und ists dasselbe,
Wirds ihn freun, mich in Gefahren
Seinetwillen auch zu sehen.
Gleiche Schuld lud ich auf mich
Schon weil ich es zugegeben:
Wenn die Sünde denn so groß ist,
Soll ich ihre Lust entbehren?
Gab ichs zu, und zog von mir
Gott die Hand schon ab, so wär es
Thöricht, auf Vergebung hoffen
Solcher Schuld: was denn bedenk ich?

Sie steigt die Leiter hinunter.
Vor der Welt, der Ehr' und Gott
Bin ich aller Scheu entfremdet,
Da ich mich zu solcher Blindheit
Mit verbundnen Augen kehre.
Aus dem Himmel dort verstoßen
Bin ich ein abtrünn'ger Engel,
Weil ich, hoffnungslos der Rückkehr,
Dennoch mich der Reu verhärte.
Außerhalb dem heil'gen Umkreis
Bin ich schon, es hält die nächt'ge
Still' in ihren Finsternissen
Mich umhüllt mit Graus und Schrecken.
So beraubt des Lichtes wandr' ich,
Daß ich strauchl' in Nacht und Nebel,
Und nicht fall' auf meine Sünde.

dònde voy? què hago? què intento?
Con la muda confusion
de tantos horrores temo
que se me altera la sangre,
que se me eriza el cabello.
Turbada la fantasìa,
en el ayre forma cuerpos,
y sentencias contra mi
pronuncia la voz del eco.
El delito, que antes era
quien me animaba, sobervio,
es quien me acobarda aora:
apenas las plantas puedo
mover, que el mismo temor
grillos a mis pies ha puesto.
Sobre mis ombros parece
que carga un prolijo peso
que me oprime, y toda yo
estoy cubierta de yelo.
No quiero passar de aqui,
quiero bolverme al Convento,
dònde de aqueste pecado,
alcance perdon, pues creo
de la clemencia divina,
que no ay luces en el Cielo,
que no ay en el mar arenas,
no ay atomos en el viento,
que sumados todos juntos,
no sean numero pequeño
de los pecados que sabe
Dios perdonar: Passos siento,
à esta parte me retiro
en tanto que passan, luego
subirè sin que me vean.

Salen Ricardo y Celio.

Ricardo
Con el espanto de Eusebio,
aqui se quedò la escala,
y aora por ella buelvo,
no aclare el dia, y la vean
à esta pared.

Wo hinaus? was unternehm' ich?
Ich erbange so im stummen
Drange mancherley Entsetzens,
Daß in mir das Blut erstarrt,
Und das Haar sich sträubt zu Berge
Die verwirrte Fantasie
Bilder in der Luft sich Wesen
Und des Nachhalls Stimme hör ich
Wider mich ein Urtheil sprechen.
Das Verbrechen, das zu Anfang
Übermüthig mich beseelte,
Ist es, was mich jetzt verzagt macht;
Kaum noch rühr' ich meine Fersen,
Denn die eigne Hand der Furcht
Legt mir an die Füße Fesseln.
Mir ists, ob auf meinen Schultern
Mich gewalt'ger Lasten Schwere
Niederdrückt, und ganz und gar
Faßt mich schon des Todes Kälte.
Nein, ich will nicht weiter fortgehen,
Will zurück ins Kloster kehren,
Dort Vergebung dieser Sünde
Zu erlangen; denn ich hege
Zuversicht auf Gottes Gnade,
Wie viel Stern' am Himmel glänzen,
Wie viel Sand am Meer sich häufet,
Wie viel Sonnenstäuchen schweben,
Aller deren Zahl zusammen,
Sey noch die geringste Menge
Von den Sünden, welche Gott
Kann verzeihn. — Ich höre gehen,
Hieher will ich mich zurückziehen,
Bis sie wieder sich entfernen;
Ungesehn steig' ich hinauf dann.

Ricardo und Celio kommen.

Ricardo
Über des Eusebio Schrecken
Ist die Leiter stehn geblieben,
Nun komm' ich, sie wegzunehmen,
Daß man nicht mit Tages Anbruch
Hier sie an der Mauer treffe.

Quitan la escala, y vanse, y Julia llega donde estaba la escala.

Julia
Yà se fueron,
aora podrè subir
sin que me sientan: què es esto?
no es aquesta la pared
de la escala? pero creo
que àzia estotra parte està:
ni aqui tampoco està: Cielos,
còmo he de subir sin ella?
Mas yà mi desdicha entiendo:
desta suerte me negais
la entrada vuestra, pues creo,
que cuando quiero subir
arrepentida, no puedo.
Pues si yà me haveis negado
vuestra clemencia, mis hechos
de muger desesperada
darn assombros al Cielo,
daran espantos al Mundo,
admiracion à los tiempos,
horror al mismo pecado,
y terror al mismo Infierno.

∼

Jornada Tercera

Sale Gil con muchas Cruces, y una muy grande al pecho.

Gil
Por leña à este monte voy,
que Menga me lo ha mandado,
y para ir seguro, he hallado
una brava invencion oy:
de la Cruz diz que es
devoto Eusebio; y assi,
he salido armado aqui
de la cabeza à los pies.
Dicho, y hecho, èl es, par diez,
no encuentro, lleno de miedo,

Sie nehmen die Leiter weg und gehen ab.

Julia *wieder vortretend.*
Sie sind weg, nun kann ich wieder
Unbemerkt hinauf. — Was seh ich?
Stand an diesem Theil der Mauer
Nicht die Leiter? Doch ich denke,
Daß sie dort herum muß stehn.
Nein, hier auch nicht: du gerechter
Himmel, wie komm' ich hinauf?
Doch ich fasse mein Elend:
Du versagst auf diese Weise
Mir den Zutritt deiner Schwelle,
Denn da ich mich reuig heim
Wenden will, wird mirs gewehrt.
Weil du denn mir deine Gnade
Weigerst, sollen meine Werke,
Des verzweiflungsvollen Weibes,
In den Himmeln Scheu erwecken,
In der weiten Welt Erstaunen,
Bey der Folgezeit Entsetzen,
Selbst die Sünd' erfüll'n mit Schauder,
Und mit Graun die Hölle selber.

Dritter Akt

Waldgegend
Gil kommt mit vielen Kreuzen, und einem sehr großen auf der Brust.

Gil
Menga schickt mich, eine Tracht
Holz ihr aus dem Wald zu bringen;
Und das hat sicher zu vollbringen,
Hab' ich fein was ausgedacht.
Der Eusebio, wie sie sagen,
Hält das Kreuz in hohen Ehren:
Drum will ich, ihn abzuwehren,
Es von Kopf zu Füßen tragen.
Meiner Treu, da kommt er her,
Und ich finde keine Ecke,

donde estàr seguro puedo;
sin alma quedo: esta vez
no me ha visto, yo quisiera
esconderme azia este lado,
mientras passa, yo he tomado
por guarda una cambronera
para esconderme, no es nada,
tanta pua es la mas chica:
pleguete Christo, mas pica,
que perder una trocada;
mas, que sentir un desprecio
de una Dama Fierabràs,
que à todos admite, y mas
que tener zelos de un necio.

   Sale Eusebio.

Eusebio
No sè adònde podrè ir,
larga vida un triste tiene,
que nunca la muerte viene
à quien le cansa el vivir:
Julia, yo me vì en tus brazos,
quando tan dichoso era,
que de tus brazos pudiera
hacer amor nuevos lazos.
Sin gozar, al fin, dexè
la gloria que no tenìa;
mas no fue la causa mia,
causa mas secreta fue;
pues teniendo mi alvedrio,
superior efecto ha hecho,
que yo respete en tu pecho
la Cruz que tengo en el mio:
Y pues con ella los dos,
ay Julia!, avemos nacido,
secreto mysterio ha sido,
que lo entiende solo Dios.

Gil
Mucho pica, yà no puedo
mas sufrillo.

Wo ich mich vor ihm verstecke;
Ich bin todt vor Ängsten. — Er
Hat mich dasmal nicht gesehn,
Und so will ich mich hier ducken
In das Dorngesträuch, und gucken,
Bis er wird vorübergehn.
Ey, das sticht ja ganz unsaglich!
Wie mein Finger lang die Dornen
Unten, oben, hinten, vornen
Richten sie mich zu ganz kläglich.
Nirgends kann ich stille sitzen,
Rüht' ich mich, werd' ich zerissen,
Mehr als von Gewissensbissen
Oder Weiberzungenspitzen.[86.]

Eusebio tritt auf

Eusebio
Wohin soll ich nur mich wenden
Mit der Last des müß'gen Lebens?
Immer ruft den Tod vergebens,
Wer sein Leben wünscht zu enden.
Julia, himmlisches Entzücken
Ging mir auf in deinen Armen,
Und mir konnte dein Umarmen
Neue Liebesbande stricken.
Ohne daß ich sie genossen,
Ließ ich die erworbne Huld:
Doch es war nicht meine Schuld,
Tiefer lag der Grund verschlossen.
Nur von höh'rer Macht getrieben,
Ehrt' ich freyen Muths bewußt,
Jenes Kreuz auf deiner Brust,
Das auf meiner steht geschrieben.
Und, o Julia!, da dieß Zeichen
Beyd' uns auf die Welt begleitet,
Hat Gott ein Myster bereitet,
Dessen Grund wir nicht erreichen.

Gil
Wie das sticht! Ich halt's nicht aus.

Eusebio
Entre estos ramos
ay gente: quièn va?

Gil
Aqui echamos
à perder todo el enredo.

Eusebio
Un hombre à un arbol atado,
y una Cruz al cuello tiene,
cumplir mi voto conviene
en el suelo arrodillado.

Gil
A quièn, Eusebio, enderezas
la oracion, ù de què tratas?
si me adoras, què me atas?
si me atas, què me rezas?

Eusebio
Quièn es?

Gil
A Gil no conoces?
desde que con el recado
aqui me dexaste atado,
no han aprovechado voces
para que alguien, (què rigor!)
me llegase a desatar.

Eusebio
Pues no es aqueste el lugar
donde te dexè.

Gil
    Señor,
es verdad; mas yo que vì
que nadie llegaba, he andado,
de arbol en arbol atado,
hasta aver llegado aqui:.
aquesta la causa fue
de sucesso tan estraño.

Eusebio
Este es simple, y de mi daño
qualquier sucesso sabre:

Eusebio
Irr' ich nicht, so regt sich was[87]
Hier im Busch: wer ist denn das?

Gil
Ach! nun kommt mein Pfiff heraus.

Eusebio
Sieh! ein Mensch am Baum gebunden,
Und ein Kreuz an seiner Brust:
Knie nieder, wie du mußt,
Durch ein hoch Gelübd verbunden.

Gil
Vor wem willst du mit Gebeten,
Sag, Eusebio, Gnade finden?
Bittst du mich, wozu das Binden?
Bindst du mich, wozu das Beten?

Eusebio
Wer bist du?

Gil
          Kennst du nicht Gil?
Seit ihr mit dem Auftrag mich
Hier gebunden ließt in Stich,
Hielt ich mich mit Schreyn nicht still;
Aber um mich loszumachen
Kam kein Mensch.

Eusebio
          Doch ist ja dieß
Nicht der Ort, wo ich dich ließ.

Gil
Herr, bey so bewandten Sachen,
Da ich sah, daß niemand wär
Der mir Armen helfen wollte,
Wie ich war, gebunden, trollte
Ich von Baum zu Baum mich her.
So ists damit zugegangen.

Eusebio
Dieser Bursch ist dumm und schlicht,
Und durch ihn werd' ich Bericht

Gil, yo te tengo aficion,
desde que otra vez hablamos,
y aqui quiero que seamos
amigos.

Gil
Tiene razon,
y quisiera, pues nos vemos
tan amigos, no ir allà,
sino andarme por acà,
pues aqui todos serèmos
buñoleros, que diz que es
holgado vida, y no andar
todo el año à trabajar.

Eusebio
Quedate conmigo, pues.

Sale Ricardo, y Vandoleros, y traen à Julia vestida de hombre, y cubierto el rostro.

Ricardo
En lo baxo del camino,
que esta montaña atraviessa,
aora hicimos una presa,
que según es, imagino,
que te dè gusto.

Eusebio
    Està bien,
luego della tratarémos,
sabe aora que tenemos
un nuevo Soldado.

Ricardo
Quièn?

Gil
Gil, no me vè?

Eusebio
Este villano,
aunque le veis inocente,
conoce notablemente
desta tierra monte, y llano,

Von der Feinde Thun empfangen.[88]
Höre, Gil, ich bin dir gut
Schon seit unserm ersten Wort,
Und ich will, daß wir hinfort
Freunde seyn.

Gil
    Ja, Herr, ihr thut
Wohl dran, laßt uns Freunde bleiben;
Und nach Haus will ich nicht mehr,
Sondern haußen hier umher
Mit euch Räuberwirtschaft treiben.
Alle Leute sagen schier,
Daß es lustig Leben sey,
Nicht die ew'ge Plackerey.

Eusebio
Gut, so bleibe nur bey mir.

    Ricardo mit anderen Räubern führt Julia, als Mann gekleidet, und mit verschleyertem Gesicht, herbey.

Ricardo
Unten in dem hohlen Wege
Der sich zieht den Berg entlang,
Thun wir eben einen Fang,
Der, wie ich die Hoffnung hege,
Dich erfreun wird.

Eusebio
    Gut, nachher
Pflegen wir darüber Rath.
Wißt, es hat sich ein Camarad
Hier indeß gefunden.

Ricardo
    Wer?

Gil
Kennt ihr Gil nicht?

Eusebio
    Der Geselle,
Sieht er schon einfältig aus,
Ist er doch im Land zu Haus,
Und so kennt er jede Stelle

y en èl serà nuestra guia.
fuera desto, al campo irà
del enemigo, y serà
en èl mi perdida espia:
arcabuz le podeis dàr,
y un vestido.

Celio
Yà està aqui.

Gil
Tengan lastima de mì,
que me quedo a envandolear.

Eusebio
Quièn es esse gentil hombre,
que el rostro encubre?

Ricardo
No ha sido
possible, que haya querido
decir la patria, ni el nombre,
porque al Capitan no mas
dice que lo ha de decir.

Eusebio
Bien te puedes descubrir,
pues yà en mi presencia estas.

Julia
Sois el Capitan?

Eusebio
Si.

Julia
   Ay Dios!

Eusebio
Dime quièn eres, y à què
veniste?

Julia
   Yo lo dire,
estando solos los dos.

Eusebio
Retiraos todos un poco.

Hier um Berg und Thal; als Führer
Soll er deshalb mit uns ziehn,
Und ins Lager schick ich ihn
Etwan als verlohrnen Spürer.
Ein Gewehr nebst Kleid und Hute
Gebt ihm.

Celio
    Alles ist schon hier

Gil
Habt doch Mitleid, Herrn, mit mir!
Ich bin nun ein Strauch-Rekrute.

Eusebio
Nun laßt mich den Fremden kennen
Mit verscheyertem Gesicht.[89]

Ricardo
Noch bewog ihn alles nicht,
Nam' und Vaterland zu nennen.
Anvertrauen will er sich
Bloß dem Hauptmann unsrer Schaaren.

Eusebio
Nun, so magst du's offenbaren,
Da man dich gebracht vor mich.

Julia
So seyd ihr der Hauptmann?

Eusebio
    Ja.

Julia
Gott!

Eusebio
    Sag wer du bist, den Grund
Deines Kommens.

Julia
    Dir sey's kund
Wenn uns sonst kein andrer nah.

Eusebio
Ihr, entfernt euch all' ein wenig.

Vanse, y quedan los dos solos.
Yà estàs à solas conmigo,
solo arboles, y flores,
pueden ser mudos testigos
de tus voces, quita el velo
con que cubierto has traìdo
el rostro, y dime, quièn eres?
donde vas? què has pretendido?
habla.

Julia
         Porque de una vez
sepas à lo que he venido,
y quien soy, saca la espada,
pues desta manera digo,
que soy quien viene a matarte.

Eusebio
Con la defensa resisto
tu ossadía, y mi temor,
porque mayor avia sido
de la accion, que de la voz.

Julia
Riñe, cobarde conmigo,
y verás que con tu muerte
vida, y confusion te quito.

Eusebio
Yo por defenderme mas,
que por ofenderte, riño,
que yà tu vida me importa,
pues si en este desafio
te mato, no sè porquè,
y si me matas, lo mismo.
Descubrete aora, pues,
si te agrada.

Julia
Bien has dicho,
porque en venganzas de honor,
sino es que conste el castigo
al que fue ofensor, no queda
satisfecho el ofendido

Die Übrigen außer Julia und Eusebio ab.
Nun sind wir allein ja beyde,
Und als stumme Zeugen hören
Hier die Bäum' und Blumen einzig
Deine Reden; so enthülle
Dein Gesicht nun von dem Schleyer
Der es deckt, und sag: wer bist du?
Was suchst du? wohin die Reise?
Sprich!

Julia
　　Daß du mit einem Male
Wissest, was mich konnte treiben,
Wer ich bin, so zieh den Degen,
Denn ich sag' auf diese Weise,
Daß ich dich zu morden komme.

Eusebio
Abzuwehren deine Streiche,
Fecht' ich bloß; dein kühnes Wesen
Ließ mir größer erst erscheinen
Die Gefahr, als deine Stimme.

Julia
Ficht, und sehen sollst du, Feiger,
Daß im Tod' ich der Verwirrung
Dich zugleich entreiß' und weihe.

Eusebio
Um mich zu vertheid'gen mehr
Fecht' ich, als dich anzugreifen.
Schon liegt mir an deinem Leben,
Denn todt' ich in diesem Streite
Dich, so weiß ich nicht warum,
Und du mich, so ists das gleiche.
Drum, wenns dir beliebt, enthülle
Jetzo dich.

Julia
　　Du redest weise:
Denn in einem Ehrenhandel,
Ist der Rächer dem Beleid'ger
Unbekannt, scheint unbefriedigt
Der Beleidigte zu bleiben.

Descubrese.
Conocesme? què te espantas?
què me miras?

Eusebio
Que rendido
á la verdad, y á la duda,
en confusos desvarìos,
me espanto de lo que veo,
me assombro de lo que miro.

Julia
Ya me has visto.

Eusebio
Sí, y de verte,
mi confusion ha crecido
tanto, que si antes de aora
alterados mis sentidos,
desearon verte, yà
desengañados, lo mismo
que dieran antes por verte,
dieran por no averte visto.
Tù, Julia, en este monte?
tù con profano vestido,
dos veces violento en ti?
còmo sola aqui has venido?
què es esto?

Julia
Desprecios tuyos
son, y desengaños mios:
y porque veas que es flecha
disparada, ardiente tiro,
veloz rayo una muger
que corre tras su apetito;
no solo me han dado gusto
los pecados cometidos
hasta aora, mas tambien
me la dàn, si los repito.
Salì del Convento, fui
al monte, y porque me dixo
un pastor, que mal guiada
iba por aquel camino,

Sie entschleyert sich.
Kennst du mich? wovor erschrickst du?
Wie starrst du mich an?

Eusebio
Halb zweifelnd
Von der Wahrheit halb ergriffen;
In verworrnen Träumereyen,
Staun' ich ob dem, was ich sehe,
Zag' ob dem, was mir sich zeiget.

Julia
Wohl, nun hast du mich gesehn.

Eusebio
Ja, und habe so gesteigert
Die Verwirrung, daß, wenn erst
Meine Sinne wild gereizet

Dich zu sehn begehrten, jetzo
Sie belehrt, nun um den gleichen
Preis, den ich geboten hätte
Dich zu sehn, es möchten meiden.
Julia, du hier im Gebirge?
Du in weltlich frechen Kleidern,
Die zwiefach Gewalt dir anthun?
Wie kommst du hieher alleine?
Sag, was soll dieß?

Julia
    Dein Verschmähen
Ists, und meiner Freyheit Zeichen.
Und damit du sehst, es sey
Glühenden Geschossen, Pfeilen,
Schnellen Blitzen gleich das Weib,
Das nach seinen Lüsten schweifet,
Wisse, daß es mir nicht bloß,
Sünden zu begehn, geschmeichelt,
Daß es jetzt noch meine Seele,
Sie zu wiederhohlen, reizet.
Ich entsprang dem Kloster, wandte
Drauf mich ins Gebirg zu steigen,
Und da mich ein Hirt gedachte
Als verirrt zurecht zu weisen,

neciamente temorosa,
por evitar mi peligro
le assegurè, y le dì muerte,
siendo instrumento un cuchillo,
que èl en su cinta traìa:
Con este, que fue ministro
de la muerte, á un caminante,
que cortesmente previno
en las ancas de un cavallo
à tanto cansancio alivio,
à la vista de una Aldea,
porque entrar en ella quiso,
le paguè en un despoblado
con la muerte el beneficio.
Tres dias fueron, y noches
los que aquel desierto me hizo
mesa de silvestre plantas,
lechos de peñascos fríos.
Lleguè à una pobre cabaña,
à cuyo techo pagizo
juzguè pavellon dorado
en la paz de mis sentidos.
Liberal huespeda fue
una Serrana conmigo,
compitiendo en los deseos
con el pastor su marido.
A la hambre, y al cansancio
dexè en su albergue rendidos
con buena mesa; aunque pobre,
manjar, aunque humilde, limpio.
Pero al despedirme dellos,
aviendo antes prevenido,
que al buscarme no pudiessen
decir: nosotros la vimos,
al cortès pastor, que al monte
salio á enseñarme el camino,
matè, y entrè donde luego
hago en su muger lo mismo.
Mas considerando entonces,
que en el propio trage
mi pesquisidor llevaba,
mudarmele determine:

Wollt' ich thöricht furchtsam, um mich
Zu versichern seines Schweigens,
Ihn nicht länger leben lassen,
Und erstach ihn mit dem eignen
Messer, das er trug im Gürtel.
Mit dem Mordstahl ging ich weiter,
Und ein Reisender nahm höflich,
Da ich matt zu Füße streifte,
Hinter sich mich auf sein Pferd,
Mir die Mühe zu erleichtern;
Wie wir schon ein Dorf erblickten,
Weil er dacht' hinein zu reiten,
Zahlt' ich ihm an öder Stätte
Mit dem Tode sein Geleite.
Dann drey Tag' und Nächte lang
Boten mir die Wüsteneyen
Wilde Kräuter nur zum Mahle,
Und zum Bett nur kalte Steine.
Eine dürft'ge Hütte traf ich
Und die matten Lebensgeister
Mußten goldnen Baldachinen
Ihr bestaubtes Dach vergleichen.
Die Bewohnerin war willig
Mir Bewirthung zu bereiten,
Mit dem Hirten, ihrem Gatten,
In besorgter Müh wetteifernd.
So beherbergt, mußte bald
Müdigkeit und Hunger weichen,
An dem Tisch, der schlicht, doch voll war,
Bey dem Mahl, gering, doch reinlich.
Doch wie ichs zuvor ersonnen,
So vollführt' ich es beym Scheiden,
Daß sie nicht, wenn man mich suchte,
Sagen könnten: Ja, wir beyde
Sahn sie; ich erstach den Hirten,
Welcher, mir den Weg zu zeigen,
Freundlich mitging, kehrte wieder
Um, und that der Frau das Gleiche.
Aber da ich bald erwog
Daß in meiner Tracht ich meinen
Späher selber mit mir führte,
Sann ich drauf, mich zu verkleiden.

al fin, pues, por varios casos,
con las armas, y el vestido
de un cazador, cuyo sueño,
no imagen, trassunto vivo
fue de la muerte, lleguè
aqui venciendo peligros,
despreciando inconvenientes,
y aptropellando designios.

Eusebio
Con tanto assombro te escucho,
con tanto temor te miro,
que eres al oìdo encanto,
si à la vista basilisco.
Julia, yo no te desprecio,
pero temo los peligros
con que el Cielo me amenaza,
yo por esso me retiro.
Buelvete tù à tu Convento,
que yo temeroso vivo
de essa Cruz, tanto que huyo
de tì: mas què es este ruido?

Salen los Vandoleros.

Ricardo
Prevèn, señor, la defensa,

que apartados del camino,
al monte Curcio, y su gente
en busca tuya han salido:
de todas essas Aldeas
tanto el numero ha crecido,
que han venido contra tì
viejos, mugeres, y niños,
diciendo que ha de vengar
en tu sangre la de un hijo
muerto à tus manos, y jura
de llevarte por castigo,
ò por venganza de tantos,
preso à Sena, muerto, ò vivo.

So kam ich, nach manchem Vorfall,
In den Waffen und den Kleidern
Eines Jägers, dessen Schlaf
Nicht bloß Bild, vollkommnes Gleichniß
Seines Todes war, hieher;
Immer mit Gefahren streitend,
Alles Ungemach nicht achtend,
Und nach Abentheuern schweifend.

Eusebio
So betäubt mich deine Rede,
So hat mich dein Blick versteinert,
Daß du meinem Ohr Bezaubrung,
Basilisk dem Auge scheinest.
Julia, nicht verschmäh' ich dich,
Doch ich fürchte jene Zeichen,
Die der Himmel drohend sendet,
Und darum muß ich dich meiden.
Kehr' du heim zu deinem Kloster;
Denn ich scheue so das heil'ge
Kreuz, daß ich dich schüchtern fliehe.
Aber welch ein Lärm?

 Ricardo und andre Räuber kommen.

Ricardo
 Bereite,
Herr, dich schnell auf einen Angriff.
Von der Straße drüben steigen
Curcio und seine Leute
Schon bergan, dich zu ereilen
Ihre Schaar hat sich verstärkt
Aus den Dörfern rings im Kreise;
Ja es ziehen wider dich
Selbst die Greise, Kinder, Weiber.
Curcio sagt, in deinem Blute
Woll' er rächen den von deinen
Händen umgebrachten Sohn;
Und er schwört zum allgemeinen
Schreck und Beyspiel dich nach Siena
Lebend oder todt zu schleifen.

Eusebio
Julia, despues hablarèmos.
cubre el rostro, y ven conmigo,
que no es bien q'en poder quedes
de tu padre, y tu enemigo.
Soldados, este es el dia
de mostrar aliento, y brio,
porque ninguno desmaye,
considere, que atrevidos
vienen à darnos la muerte,
ò prendernos, que es lo mismo:
y si no, en pùblica carcel,
de desdichas perseguidos,
y sin honra nos verèmos;
pues si esto hemos conocido,
por la vida, y por la honra,
quièn temiò el mayor peligro?
No piensan que los tememos,
salgamos à recibirlos,
que siempre està la fortuna
de parte del atrevido.

Ricardo
No ay que salir, que yà llegan
à nosotros.

Eusebio
Prevenìos,
y ninguno sea cobarde,
que, vive el Cielo, si miro
huir alguno, ò retirarse,
que he de ensangrentar los filos
de aqueste azero en su pecho
primero que en mi enemigo.

Dentro Curcio.
En lo encubierto del monte
al traydor de Eusebio he visto,
y para inutil defensa
hace murallas sus riscos.

Dentro otros.
Ya entre las espesas ramas
desde aqui los descubrimos.

Eusebio
Julia, laß nachher uns redden,
Jetzt verhüll' dich, und begleite
Mich; du darfst nicht in den Händen
Deines Feinds und Vaters bleiben.
Auf! dieß ist der Tag, Camaraden,
Muth und Tapferkeit zu zeigen,
Und wenn einer will verzagen
So erwäg' er, daß die Feinde
Kommen uns zu tödten, oder
Uns zu fangen: eins ist beydes.
Sind wir feig, so wird im Kerker
Alles Elend uns zu Theile,
Und wir sind ein Raub der Schande.
Könnt ihr daran nun nicht zweifeln,
Wohl, wer wird um Ehr' und Leben
Der Gefahren größte meiden?
Daß sie sehn, wir scheun sie nicht,
Laßt uns gehn, sie anzugreifen,
Schlägt ja doch das Glück sich immer
Zur Partey des kühnen Streiters.

Ricardo
Das bedarfs nicht, denn schon kommen
Sie heran.

Eusebio
    Wohl, so bereitet
All' euch, und bey Gott im Himmel,
Seh' ich irgend einen Feigen,
Der da flieht, sich nur zurückzieht,
So soll dieses Degens Schneide
Sich in seinem Blute färben,
Lieber als in dem des Feindes.

Curcio hinter der Szene.
Den Eusebio, den Verräther
Sah ich in des Bergs geheimsten
Schlüften, wo mit Felsenschanzen
Er vergeblich sich vertheidigt.

Andere Stimmen.
Schon entdecken wir von hier sie,
Zwischen dichtem Laub und Zweigen.

Julia
¡A ellos!

    Vase

Eusebio
Esperad, villanos,
que vive Dios, que teñidos
con vuestra sangre los campos
han de ser undosos rios.

Ricardo
De los cobardes villanos
es el numero excessivo.

Dentro Curcio
Adònde, Eusebio, te escondes?

Eusebio
No escondo, que yá te sigo.

    Vanse todos, disparan arcabuzes dentro, y sale Julia

Julia
Del monte que yo he buscado,
apenas las yervas piso,
quando horrible voces oygo,
marciales campañas miro:
de la polvora los ecos,
y del azero los filos,
unos ofenden la vista,
y otros turban el oìdo.
Mas què es aquello que veo?
desvaratado, y vendico
todo el esquadron de Eusebio
le dexa yà el enemigo.
Quiero bolver à juntar
toda la gente que ha avido
de Eusebio, y bolver à darle
favor, que si los anímo,
serè en su defensa assombro
del Mundo, serè cuchillo
de la Parca, estragon fiero
de sus vidas, vengativo

Julia
Auf sie ein!

   ab

Eusebio
   Geduld, ihr Knechte!
Denn beym Himmel, euch verheiß' ich
Daß eur Blut sich auf den Feldern
Überschwemmend soll verbreiten.

Ricardo
Dieses feige Volk der Bauern
Kommt in zahllos starken Reihen.

Curcio hinter der Szene.
Wo verbirgst du dich, Eusebio?

Eusebio
Nirgends, dir entgegen eil' ich.

   Alle ab.
   Schüsse hinter der Szene; hierauf kommt Julia zurück.

Julia
Kaum, daß ich den grünen Boden
Des gesuchten Bergs beschreite,
So vernehm' ich wildes Toben,
Sehe Kriegsgeschwader streiten.
Von dem Widerhall der Schüsse,
Von dem Blitz gezückten Eisens,
Wird hier das Gehör betäubt,
Wird da das Gesicht beleidigt.
Aber was muß ich erblicken?
Auf der Flucht und übermeistert
Läßt die ganze Schaar Eusebio's
Ihn in der Gewalt des Feindes.
Ich will wieder alle Mannschaft,
Die er angeführt, vereinen,
Und damit ihm Hülfe schaffen.
Denn, wenn sie mein Muth begeistert,
Werd' ich Thaten thun zum Schrecken
Aller Welt; ein drohend Zeichen
Der Vertilgung, Stahl der Parce
Werd' ich seyn, im Flammeneifer

espanto de los futuros
y admiracion destos siglos.

Vanse, y sale Gil de Vandolero.

Gil
Por estar seguro, apenas
fui Vandolero novicio,
quando, por ser Vandolero
me veo en tanto peligro.
Quando yo era Labrador,
eran ellos los vencidos;
y hoy, porque soy de la carda,
và sucediendo lo mismo.
Sin ser avariento, traygo
la desventura conmigo,
pues tan desgraciado soy,
que mil veces imagino,
que à ser yo Judio, fueran
desgraciados los Judios.

Salen Menga, Blas, Tirso, y otros Villanos.

Menga
A ellos, que vàn huyendo.

Blas
No ha de quedar uno vivo
tan solamente.

Menga
Azia aqui
uno dellos se ha escondido.

Blas
Muera este ladron.

Gil
    Mirad
que yo soy.

Menga
Yà nos ha dicho
el trage, que es Vandolero.

Das Entsetzten aller künft'gen,
Und das Staunen dieser Zeiten.[90]

Gil kommt als Räuber gekleidet.

Gil
Kaum bin ich, um mich zu sichern,
Als ein Räuber eingekleidet,
So muß ich so viel Gefahren
Eben als ein Räuber leiden.
Da ich noch ein Bauer war
Wurden die geschlagen leider;
Nun da ich der Bande folge,
Ist der Sieg auf jener Seite.
So muß immerfort das Unglück
Wie mein Schatte mich begleiten;
Ja so übel geht es mir,
Daß ich nicht im mindsten zweifle,[91]
So wie ich ein Jude wäre,
Würde man die Juden stein'gen.

Menga, Blas, Tirso und andre Bauern kommen.

Menga
Auf sie ein! sie sind im Fliehen.

Blas
Keiner soll am Leben bleiben,
Nicht ein einz'ger.

Menga
   Nun hieher!
Hier verkrochen hat sich einer.

Blas
Schlagt den Strauchdieb todt!

Gil
   So seht doch,
Daß ichs bin.

Menga
   Ja, seine Kleider
Geben ihn als Räuber an.

Gil
El trage les ha mentido,
como muy grande bellaco.

Menga
Dale tù.

Blas
　　Pégale, digo.

Gil
Bien dado estoy, y pegado:
adverted.

Tirso
No ay que advertirnos.
Vandolero sois.

Gil
　　Mirad
que soy Gil, votado à Christo.

Menga
Pues no hablàras antes, Gil?

Tirso
Pues Gil no lo huvieras dicho?

Gil
Què mas antes, si el yo soy
os dixe desde el principio?

Menga
Qué haces aqui?

Gil
No lo veis?
ofendo à Dios en el quinto:
mato solo mas, que juntos
un Medico, y un Estío.

Menga
Què trage es este?

Gil
Es el diablo.
matè à uno, y su vestido
me puse.

Gil
Ey so lügen meine Kleider,
Wie Spitzbuben und wie Schelme.[92]

Menga
Packt ihn fest!

Blas
    Ich sage, greift ihn.

Gil
Da bin ich, gepackt, gegriffen:
Gebt nur Acht.

Tirso
    Was ist da weiter
Acht zu geben, Räuber?

Gil
    Seht doch,
Ich bin Gil, bey allen Heil'gen!

Menga
Warum sprichst du denn nicht, Gil?

Tirso
Warum sagst du's nicht bey Zeiten?

Gil
Hab' ich euch denn nicht vom Anfang
Immer zugeschrien, ich sey es?

Menga
Sag, was machst du?

Gil
    Seht ihrs nicht?
Von den zehn Verboten treib' ich
Hier das fünfte, morde Menschen,
Wie ein Doctor und ein heißer
Sommer auf einmal.

Menga
    Was soll denn
Diese Tracht da?

Gil
    Teufelsstreiche![93]
Ich bracht' einen um, und steckte
Mich darauf in seine Kleider.

Menga
    Pues como, dì,
no està de sangre teñido
si le mataste?

Gil
    Esso es facil,
muriò de miedo, esta ha sido
la causa

Menga
Vèn con nosotros,
que victoriosos seguimos
los Vandoleros, que aora
cobardes nos han huido.

Gil
No mas vestido, aunque vaya
titiritando de frio.

    Vanse, y salen peleando Eusebio y Curcio.

Curcio
Yà estamos solos los dos,
gracias al Cielo, que quiso
dar la venganza à mi mano
oy, sin aver remitido
à las agenas mi agravio,
ni tu muerte à ajenos filos.

Eusebio
No ha sido en esta occasion
ayrado el Cielo conmigo,
Curcio, en averte encontrado,
porque si tu pecho vino
ofendido, bolverà
castigado, y ofendido.
Aunque no sé què respeto
has puesto en mì, que he temido
mas tu enojo que tu azero:
y aunque pudieran tus brios
darme temor, solo temo,
cuando aquessas canas miro,
que me hacen cobarde.

Menga
Aber sie sind ja nicht blutig:
Sag, wie reimt sich das?

Gil
    Gar leidlich.
Er ist bloß aus Furcht gestorben.

Menga
Komm mit uns in aller Eile,
Daß wir unsern Sieg verfolgen,
Da die räuber feig aussreißen.

Gil
Sollt' ich auch vor Frost zähnklappen,
Nichts von Räuberkleidern weiter.
> *Alle ab.*
> *Eusebio und Curcio kommen fechtend.*

Curcio
Endlich sind wir zwey allein,
Dank dem Himmel! der in meine
Hand die Rache heute gab,
Und das Unrecht, das ich leide,
Keiner fremden anvertraute,
Deinen Tod nicht fremdem Eisen.

Eusebio
Auch mir scheint hiebey der Himmel
Nicht sich zornig zu erweisen,
Curcio, da er dich mir zuführt.
Denn wenn dich dein Herz beleidigt
Hergetrieben, wirds bestraft
Und beleidigt wieder scheiden.
Zwar ich weiß nicht, wie du Ehrfurcht
Mir einflößest, daß ich deinen
Grimm mehr scheu', als deinen Degen.
Und obwohl dein kräftig Streiten
Furcht in mir erregen könnte,
Nur der Anblick dieser greisen
Haare macht mich feig.

Curcio
Eusebio,
yo confiesso que has podido
templar en mì de la ira,
con que agraviado te miro,
gran parte; pero no quiero
que pienses inadvertido
que te dàn temor mis canas
cuando puede el valor mio.
Buelve à reñir, que una estrella
ò algun favorable signo
no es bastante à que yo pierda
la venganza que consigo.
Buelve à reñir.

Eusebio
Yo temor?
neciamente has presumido
que es temor lo que es respeto,
aunque si verdad te digo,
la victoria que deseo
es, à tus plantas rendido,
perdirte perdon, y à ellas
pongo la espada, que ha sido
temor de tantos.

Curcio
    Eusebio
no has de pensar que me animo
à matarte con ventaja.

    esta es mi espada: asi quito [Aparte.]

la occasion de darle muerte,
vèn à los brazos conmigo.

Abrazanse los dos, y luchan.

Eusebio
No sé què efecto has hecho
en mì, que el corazon dentro el pecho,
à pesar de venganzas, y de enojos,
en lagrimas se assoma por los ojos,
y en confusión tan fuerte,

Curcio
    Eusebio,
Ich gesteh's, zum großen Theile
Ist es dir geglückt, des Zornes
Wider dich entflammten Eifer
Mir zu mildern; aber bilde
Dir nicht ein, daß nur mein greises
Haar dir Furcht erregen könne!
Darum solls mein Muth dir zeigen.
Ficht von neuem! Ein Gestirn,
Oder sonst ein günstig Zeichen
Reicht nicht hin, mich von der Rache,
Die mir zukömmt, wegzutreiben.
Ficht von neuem!

Eusebio
    Ich und Furcht?
Thöricht läßt du dich verleiten,
Ehrfurcht so zu nennen. Zwar,
Red' ich, wie mein Herz mich heißet,
Ist der Sieg, den ich begehre,
Dir zu Füßen dein Verzeihen
Zu erflehn; und hier den Degen
Streck' ich, der so vieler Feinde
Schrecken war.

Curcio
    Denk nicht, Eusebio,
Daß mich das Erbieten reize,
Dich mit Vortheil zu erlegen.

Hier ist auch mein Schwert, — beyseit
    so meid' ich
Die Gefahr, ihn umzubrngen. —
Und nun ringen laß uns beyde.

    Sie ringen mit einander.

Eusebio
Ich weiß nicht, was du mußt
Vermögen auf das Herz in meiner Brust;
Denn, trotz der Rach' und wüthendem Ergrimmen,
Will es in Thränen aus den Augen schwimmen;
Und so, ganz irr' geworden,

quisiera, por vengarte, darme muerte:
vengate en mì, rendida
à tus plantas, señor, està mi vida.

Curcio
El azero de un noble, aunque ofendido,
no se mancha en la sangre de un rendido,
que quita grande parte de la gloria
el que con sangre borra la victoria.

Dentro
Azia aqui estàn.

Curcio
Mi gente victoriosa
viene à buscarme, quando temerosa
la tuya buelve huyendo.
darte vida pretend,
escondete, que en vano
defenderè el enojo vengativo
de un escuadron villano,
y solo tù impossible es quedar vivo.

Eusebio
Yo, Curcio, nunca huyo
de otro poder, aunque he temido el tuyo,
que si mi mano aquesta espada cobra,
veràs quànto valor en tì me falta,
que en tu gente me sobra.

Salen Otavio, todos los villanos.

Octavio
Desde el más hondo valle, à la mas alta
cumbre de aqueste monte, no ha quedado
alguno vivo, solo se ha escapado
Eusebio, porque huyendo aquesta tarde . . .

Eusebio
Mientes, que Eusebio nunca fue cobarde.

Todos
Aquí esta Eusebio? muera.

Möcht' ich, um dich zu rächen, mich ermorden.
Nimm Rach' an mir! Mein Leben
Ist, Herr, zu deinen Füßen hingegeben.

Curcio
Den Stahl des edlen, ward er schon beleidigt,
Befleckt kein Blut deß, der sich nicht vertheidigt.
Und der verliert des Ruhmes schönsten Kranz,
Wer übertüncht mit Blut des Sieges Glanz.

Hinter der Szene
Nch dorthin sind sie.

Curcio
    Meine Leute kommen
Mit siegbeglückten Waffen,
Mich suchend, da dein Volk die Flucht genommen.
Dir möcht' ich Leben schaffen:
Verbirg dich, denn vergebens
Würd' ich dem wilden Wüthen
Solch ein Schaar von Bauern Halt gebieten;
Und du allein erwherst dich nicht des Lebens.

Eusebio
Noch nie bin ich geflohen,
Wiewohl ich mich gescheut vor deinem Drohen.
Führ' ich dieß Schwert erst wider in der Rechten,
So sollst du sehn, wie ich, vom Muth beseelet,
Der gegen dich mir fehlet,
Mit deinem Volk will fechten.

    Octavio kömmt mit der ganzen Schaar Bauern.

Octavio
Vom tiefsten Thal bis zu den höchsten Höhen
Der Berge ließen keinen wir am Leben;
Eusebio konnt' uns einzig nur entgehen,
Er ist geflohen mit des Tages Neige, —

Eusebio
Du lügst! Eusebio war noch niemals feige.

Alle
Eusebio hier? Er sterbe!

Eusebio
Llegad, villanos.

Curcio
Tente, Otavio, espera.

Octavio
Pues tù, señor, que avias
de animarnos, aora desconfias?

Blas
Un hombre amaparas, que en tu sangre y honra
introduxo el azero, y la deshonra?

Gil
A un hombre, que atrevido
toda aquesta montaña ha destruido?
à quien en el Aldea no ha dexado
melon, doncella, que el no aya catado,
y à quien tantos ha muerto,
còmo assi le defiendes?

Octavio
Què es, señor, lo que dices? què pretendes?

Curcio
Esperad, escuchad, (triste sucesso!);
quànto es mejor que à Sena vaya preso?
date à prision, Eusebio, que prometo,
y como noble juro de ampararte,
siendo Abogado tuyo, aunque soy parte

Eusebio
Como à Curcio no mas, yo me rindiera;
mas como à Juez no puedo,
porque aquel es respeto, y esto es miedo.

Octavio
Muera Eusebio

Curcio
    Advertid . . .

Octavio
Pues què? tù quieres
defenderle? à la patria traydor eres?

Eusebio
    Kommt, ihr Knechte!

Curcio
Octavio, halt! Zurück mit deiner Rechte!

Octavio
Wie, Herr? du, dem es ziemt, uns anzufeuern,
Suchst unserm Muth zu steuern?

Blas
Schirmst einen Menschen, der durch Schimpf und Morden
An deiner Ehr' und Blut zum Frevler worden?

Gil
Den Menschen, der vermessen
Das ganze Land verheert und aufgefressen?
Der ungekostet Mädchen noch Melone
Nicht ließ im ganzen Dorfe, wo ich wohne?[94]
Und der so viel gemordet,
Den kannst du schützen wollen?

Octavio
Sag an, Herr, wie du's meynst, und was wir sollen.

Curcio
Hört! haltet inne! — trauriges Gelingen! —
Wärs besser nicht, nach Soena ihn zu bringen?
Gieb dich in Haft, Eusebio: ich verheiße
Und schwör' als Edelmann, ich steh' dir bey
Und will dein Anwald seyn, obwohl Partey.

Eusebio
Dir, bloß als Curcio, könnt' ich mich ergeben,
Dem Richter muß ichs wehren;
Dieß wäre Furcht, und ich kann nur dich ehren.

Octavio
Eusebio sterbe!

Curcio
    Hört, —

Octavio
        Den Missethäter[95]
Schirmst du? wirst deines Vaterlands Verräther?

Curcio
Yo traydor? pues me agravian desta suerte,
perdona, Eusebio, porque yo el primero
tengo de ser en darte triste muerte.

Eusebio
Quitate de delante,
señor, porque tu vista no me espante,
que viendote, no dudo
que te tenga tu gente por escudo.

Vanse todos peleando con èl.

Curcio
Apretandole ván, ò quièn pudiera
darte aora la vida,
Eusebio, aunque la suya misma diera:
en el monte se ha entrado,
por mil partes herido,
retirandose baxa despeñado
al valle, voy bolando,
que aquella sangre fria,
que con tímida voz me està llamando,
algo tiene de mia,
que sangre que no fuera
propia, ni me llamarà, ni la oyera.

Vase Curcio, y baxa despeñado Eusebio.

Eusebio
Quando, de la vida incierto,
me despeña la más alta
cumbre, veo que me falta
tierra donde cayga muerto:
pero si mi culpa advierto,
al alma reconocida,
no el vèr la vida perdida
la atormenta, sino el ver
còmo ha de satisfacer
tantas culpas una vida.
Yà me buelve à perseguir
este escuadron vengativo,

Curcio
Verräther ich? Du magst er mir vergeben,
Eusebio: weil sie so mich schmähen, muß ich
Der erste seyn, dir bittern Tod zu geben.

Eusebio
Zieh dich zurück von hinnen.
Dein Anblick, Herr, verwirrt nur meine Sinnen;
Mit deinem würd'gen Bilde
Dienst du der Mannschaft wider mich zum Schilde.

   Alle übrigen außer Curcio im Gefecht mit dem Eusebio ab.[96]

Curcio
Sie drängen hart ihn: o wer nun dein Leben,
Eusebio, retten könnte,
Und müßt' er auch dafür das eigne geben!
Durchbohrt von tausend Wunden,
Dort ins Gebirg hinaus ist er verschwunden,
Und jetzt, zurück sich ziehend,
Stürzt er ins Thal; ich eile, zu ihm fliehend,
Denn jenes kalte Blut,
Deß leiser Ruf so bang zu mir erschollen,
Muß meinem seyn entquollen.
Wär dieß Blut nicht mein eigen,
So hört' ichs nicht, so würd' es mir auch schweigen.

   ab.
   Andrer Theil der Waldgegend.[97]
   Eusebio stürzt vom Felsen herab.

Eusebio
Da ich mich hernieder senke
Hoch vom Felsen, halb entseelet,
Seh' ich, daß mir Boden fehlet,
Den mein Blut im Tode tränke.
Doch, wenn ich die Schuld bedenke,
Quält die Seele, nun besonnen,
Nicht das Leben, so geronnen;
Sondern nur, wenn sie betrachtet,
Wie, von so viel Sünd' umnachtet,
Noch Vergebung wird gewonnen.
Schon naht sich, mich zu verderben,
Jenes rächende Geschwader,

pues no puedo quedar vivo,
he de matar, ò morir:
aunque mejor serà ir
donde al Cielo perdon pida;
pero mis pasos impida
la Cruz, porque desta suerte
ellos me dèn breve muerte
y ella me dè eterna vida.
Arbol, donde el Cielo quiso
dar el fruto verdadero
contra el bocado primero:
Flor del nuevo Parayso,
Arco de luz, cuyo aviso
en pielago mas profundo,
la paz publicò del Mundo:
Planta hermosa, fertil Vid,
Harpa del nuevo David,
Tabla del Moysés segundo:
Pecador soy, tus favores
pido por justicia yo,
pues Dios en tì padeciò
solo por los pecadores:
à mì me debes tus loores,
que por mì solo muriera
Dios, si mas Mundo no huviera;
luego eres tu, Cruz por mì,
que Dios no muriera en tì,
si yo pecador no fuera.
Mi natural devocion
siempre os pidiò con Fé tanta,
no permitiesteis, Cruz santa,
muriesse sin confession:
no sere el primer ladron,
que en vos se confiesse à Dios:
y pues que ya somos dos,
y yo no le he de negar,
tampoco me ha de faltar
redempcion que se obrò en vos.
Lisardo, cuando en mis brazos
pude ofendido matarte,
lugar dì de confessarte,
antes que en tan breves plazos

Die Andacht zum Kreuze

Leben bleibt in keiner Ader,
Tödten muß ich, oder sterben.
Zwar wärs besser, wo ich werben
Könnt' um Gnade, hinzueilen:
Doch das Kreuz hier heißt mich weilen,
Auf daß mirs, in solcher Noth,
Geben die mir kurzen Tod,
Ew'ges Leben mög' ertheilen.
Baum, an dem der Himmel diese
Frucht des Heils uns lässet lesen
Und von Adams Biß genesen!
Blum' im neuen Paradiese!
Lichter Bogen, der sich weise
Auf der Sündfluth dunkelm Schoose
Aller Welt zum Friedenloose!
Reb', an welcher wir uns freuen![98]
Harfe Davids, unsers neuen!
Tafel unsers zweyten Mose!
Mich, den Sünder, zu begnaden,
Fleh' ich dich nach heil'gem Recht:
Für das sündliche Geschlecht
Hat dich Gott auf sich geladen:
Und zu solchen hohen Gnaden
Hätt' er dennoch dich erkohren,
Wär' auch niemand sonst gebohren:
So verdankst du, Kreuz, sie mir,
Denn Gott starb ja nicht an dir,
War ich Sünder nicht verlohren.
Andacht, die mein Herz erweichte,
Bat dich stets mit festem Glauben,
Heil'ges Kreuz, nicht zu erlauben,
Daß ich stürbe ohne Beichte.
Schon ein andrer Räuber reichte,
Zu dir beichtend vor dem Ende,
Seine Seel' in Gottes Hände:
Weil ich denn der zweyte bin,
Mit so reuevollem Sinn,
Hülfreich auch zu mir dich wende.
Da, Lisardo, mein Ergrimmen
Dich Besiegten konnt' erschlagen,
Hab' ich dich zur Beicht getragen,
Eh des Lebens letztes Glimmen

se desatassen los lazos
mortals; y aora advierto
en aquel viejo, aunque muerto,
piedad de los dos aguardo;
mira que muero, Lisardo;
mira que te llamo, Alberto.

  Sale Curcio.

Curcio
Azia aquesta parte està.

Eusebio
Si es que venis à matarme,
muy poco harèis en quitarme
vida que no tengo yà.

Curcio
Que bronce no ablandarà
tanta sangre derramada!
Eusebio, rinde la espada.

Eusebio
A quien?

Curcio
A Curcio.

Eusebio
Esta es. *[Dasela.]*
Y yo tambien à tus pies,
de aquella ofensa passada,
te pido perdon; no puedo
hablar mas, porque una herida
quita el aliento à la vida,
cubriendo de horror, y miedo
el alma.

Curcio
Confuso quedo.
serà en ella de provecho
remedio humano?

Eusebio
Sospecho
que la mejor medicina
para el alma, es la divina.

MHRA European Translations

The guiding principle of this series is to make available translations that had a significant impact on the receiving culture at the time of their publication, but that are now either completely or relatively inaccessible. Aimed at an academic market, titles in this series will also reflect current areas of scholarly debate and/or topics studied on undergraduate and postgraduate courses.

Each volume will include a substantial introduction, and textual and explanatory notes. The introduction will describe the ways in which this particular translation (or these translations) shaped literary and/or intellectual currents in the receiving culture, and will provide a coherently argued account of the omissions and distortions of the translation/s.

Titles will be selected by members of the Editorial Board and edited by leading academics.

Alison Finch
General Editor

Editorial Board

Professor Malcolm Cook (French)
Professor Alison Finch (French)
Professor Ritchie Robertson (Germanic)
Dr Mark Davie (Italian)
Dr Stephen Parkinson (Portuguese)
Professor David Gillespie (Slavonic)
Professor Derek Flitter (Spanish)
Dr Jonathan Thacker (Spanish)

Published titles

1. *Böece de Confort remanié. Edition critique.*
   (Glynnis M. Cropp, 2011)

3. *Pedro Calderón de la Barca, 'La devoción de la cruz'/ August Wilhelm Schlegel, 'Die Andacht zum Kreuze'.*
   (Carol Tully, 2012)

For details of how to order please visit our website at:
www.translations.mhra.org.uk

Mit dem Blute mußt' entschwimmen.[99]
Nun denk' ich des Greisen dort,
Riß ihn auch der Tod schon fort,
Trost von beyden zu erwerben.
Sieh, Lisardo, sieh mich sterben!
Hör, Alberto, hör mein Wort!

Curcio tritt auf.

Curcio
Hier herum, da muß er seyn.

Eusebio
Kommt ihr, mir den Tod zu geben,
Leicht gelingts euch an dem Leben,
Das schon jetzo nicht mehr mein.

Curcio
Müßte nicht den härtsten Stein[100]
Dieß vergoßne Blut bewegen?
Gieb, Eusebio, deinen Degen.

Eusebio
Wem?

Curcio
   Dem Curcio.

Eusebio
   Nimm ihn hier,
Und zugleich zu Füßen dir,
Fleh' ich des Vergangenen wegen
Um Vergebung; mehr noch sagen
Kann ich nicht, denn eine Wunde
Raubt den Athem meinem Munde,
Und erfüllt mit Graun und Zagen
Meine Seele.

Curcio
   Wie zerschlagen
Bin ich! — Hemmt noch den Verlust
Menschenrath?

Eusebio
   Mir ist bewußt,
Daß nur himmlische Arzney
Übrig meiner Wunde sey.

Curcio
Donde es la herida?

Eusebio
En el pecho.

Curcio
Dexame poner en ella
la mano, à ver si resiste
el aliento. (ay de mì, triste!)
què señal divina, y bella
es esta? que al conocella
toda el alma se turbò?.

Eusebio
Son las armas que me dio
esta Cruz, à cuyo pie
nací, porque más no sé
de mi nacimiento yo.
Mi padre, à quien no señalo,
aun la cuna me negò,
que sin duda imaginò,
que avia de ser tan malo:
Aqui nacì.

Curcio
Y aqui igualo
el dolor con el contento,
con el gusto el sentimiento,
efectos de un hado impìo
y agradable: ay, hijo mio,
pena, y gloria en verte siento.
Tu eres, Eusebio, mi hijo,
si tantas señas advierto,
que para llorarte muerto
yà justamente me aflijo:
de tus razones colijo
lo que el alma adivinò.
tu madre aqui te dexó
en el lugar que te he hallado:
donde cometì el pecado
el Cielo me castigó.
Yà aqueste lugar previene
informacion de mi error;

Curcio
Sag, wo ist sie?

Eusebio
   In der Brust.

Curcio
Laß die Hand dahin mich reichen,
Ob noch deines Herzens Pochen
(Weh mir Armen!) nicht gebrochen.[101]
Doch welch schön und göttlich Zeichen
Es zu kennen und vergleichen
Will mir aller Muth entfliehn.

Eusebio
Solches Wappen hat verliehn
Mir dieß Kreuz, an dessen Fuß
Mir des Lichtes erster Gruß,
Wie ich einig weiß, erschien.
Denn mein Vater, mir verlohren,
Hat die Wiege selbst versagt,
Weil sein herz ihm wohl gesagt,
Daß ich Böses nur erkohren.
Eben hier bin ich gebohren.

Curcio
Und hier misch ich Schmerz und Lust,
Den Gewinn mit dem Verlust,

Wie mein Schicksal grausam ist,
Und doch mild: o Sohn! du bist
Qual und Wonne meiner Brust.
Du, Eusebio, bist mein Sohn,
Wie die Zeichen sich vereinen;
Und um deinen Tod zu weinen
Bleibt mir nun zum einz'gen Lohn.[102]
Deine Red' enthüllt, was schon,
Ahndungsvoll mich zog zu dir.
Deine Mutter ließ dich hier
An dem Ort, wo ich dich finde;
Da, wo ich beging die Sünde,
Straft der Himmel sie an mir.
Dieser Ort, mich mahnend, hegt
Noch die Spur von dem Eräugniß;

pero qual seña mayor,
que aquesta Cruz, que conviene
con otra que Julia tiene?
que no sin mysterio el Cielo
os señalo, porque al suelo
fuerais prodigio los dos.

Eusebio
No puedo hablar, padre, à Dios,
porque ya de un mortal velo
se cubre el cuerpo, y la muerte
niega, passando veloz,
para responderte voz,
vida para conocerte,
y alma para obedecerte:
yà llega el golpe mas fuerte,
yà llega el trance mas cierto:
Alberto?

Curcio
    Que llore muerto
à quien aborrecí vivo!

Eusebio
Vèn, Alberto.

Curcio
O trance esquivo!
guerra injusta!

Eusebio
Alberto? Alberto? *[Muere.]*

Curcio
Yà el golpe mas violento
rindiò el ultimo aliento;
paguen mis blancas canas
tanto dolor.

    Tirase de los cabellos, y sale Blàs.

Aber giebts ein größer Zeugniß
Als dieß Kreuz, dem gleich geprägt,
Welches Julia an sich trägt?
Ein geheimnisvoller Wille
Zeichnet' euch, der Wunder Fülle
Aller Welt an euch zu zeigen.[103]

Eusebio
Leb wohl, Vater! ich muß schweigen,
Denn die dunkle Sterbehülle
Deckt mich schon; der Tod will trennen
Meine Seele von den Gleidern.[104]
Stimme fehlt mir zum Erwiedern,
Leben, um dich zu erkennen,
Und ein Herz, für dich zu brennen.[105]
Schon der letzte Schauer droht.

Alberto!

Curcio
  Wie schmerzt sein Tod,
Den im Leben ich gehaßt!

Eusebio
Komm, Alberto!

Curcio
  Grause Haft![106]

Eusebio
Hilf, Alberto, meiner Noth!

 Er stirbt.

Curcio
Schon ist im Todesbangen
Der Odem ihm entgangen:
So büße meine Plagen,
Du greises Haar!

Er rauft sich die Haare aus.[107]
Blas kommt mit andern Bauern.

Blas
Yà son tus quexas vanas:
quàndo puso inconstante la fortuna
en tu valor extremos?

Curcio
En ninguna
llegò el rigor à tanto;
abrassen mis enojos
este monte con llanto,
puesto que es fuego el llanto de mis ojos:
O triste estrella! ò rigurosa suerte!
ò atrevido dolor!

    Sale Octavio.

Octavio
Oy, Curcio, advierte
la fortuna en los males de tu estado,
quantos puede sufrir un desdichado:
el Cielo sabe quanto hablarte siento.

Curcio
Què ha sido?

Octavio
Julia falta del Convento.

Curcio
El mismo pensamiento, dì, pudiera
con el discurso hallar pena tan fiera?
que es mi desdicha ayrada,
sucedida, aun mayor que imaginada:
ste cadaver frio,
este que vès, Otavio, es hijo mio:
mira si basta en confusion tan fuerte
qualquiera pena destas à una muerte.
Dadme paciencia, Cielos,
ò quitadme la vida,
aora perseguida
de tormentos tan fieros.

    Sale Gil.

Gil
Señor?

Blas
Vergeblich sind die Klagen;
Ist niemals doch dein hoher Muth erlegen
Dem Unbestand des Glücks.

Curcio
Von seinen Schlägen
Traf die Gewalt mich nie so ungeheuer.
Mein Leiden zu verkünden,
Will ich mit Thränen rings den Berg entzünden:
Die Thränen meiner Augen sind ja Feuer.
O grausames Geschick! o herbes Loos!
O wilder Schmerz!

   Octavio kommt

Octavio
    Auf einen neuen Stoß
Bereite dich: das Unglück häuft der Plagen
Auf dich mehr als ein Sterblicher kann tragen.
Gott weiß, wie michs zu reden schmerzt.

Curcio
    Was ist?

Octavio
Man hat im Kloster Julien vermißt.

Curcio
Was möchten die Gedanken selbst beginnen,
Sag an, um ärgre Folter zu ersinnen?
Des Schicksals Zorn trifft immer
Mich über die Erwartung schlimm und schlimmer.
Octavio, sieh die bleiche
Gestalt hier: das ist meines Sohnes Leiche.
Denk, ob in der Verwirrung meiner Nöthen
Nicht jedes Leiden hinreicht, mich zu tödten.
Gieb mir Geduld, o Himmel,
Sonst nimm mir dieses Leben,
Das solch geängstes Schweben
In Qualen muß erfahren!

   Gil kommt.

Gil
Herr, —

Curcio
　　Ay mas dolor?

Gil
Los Vandoleros
que huyeron castigados,
en busca tuya buelven animados
de un demonio de un hombre,
que encubre dellos mismos rostro, y nombre.

Curcio
Aora que mis penas fueron tales,
que son lisonjas los mayors males:
el cuerpo se retire lastimoso
de Eusebio, en tanto que un sepulcro honroso
à sus cenizas dà mi desventura.

Tirso
Pues còmo piensas darle sepultura
oy en lugar sagrado,
quando sabes que ha muerto descomulgado?

Blas
Quien desta suerte ha muerto,
digno sepulcro sea este desierto.

Curcio
O villana venganza,
tanto poder en tì la ofensa alcanza,
que passas desta suerte
los ultimos umbrales de la muerte

　　　Vase Curcio llorando.

Blas
Sea en penas tan graves,
su sepulcro las fieras, y las aves.

Otro
Del monte despeñado
cayga, por mas rigor, despedazado.

Tirso
Mejor es darle aora
rustica sepultura entre los ramos;
pues yà la noche baxa,

Curcio
    Giebts ein neues Leid?

Gil
    Die Räuberschaaren,
Die erst gezüchtigt flohen,
Nahn sich, um dich von neuem zu bedrohen
Von einem jungen Tollkühn angefeuert,
Der ihnen Namen und Gesicht verschleyert.

Curcio
Jetzt muß sich alles mir zur Pein vereinen,
Daß Scherze nur die größten Übel scheinen.
Schafft nun Eusebio's blut'ge Leich' aufs beste
Bey Seite, bis mein Jammer seine Reste
Mit ehrenvollen Grabmal kann begaben.

Tirso
Wie? du gedenkst ihn ehrlich zu begraben,
Und in geweihtem Boden,
Der in der Kirche Bann aufgab den Odem?

Blas
Wer auf die Art gestorben,
Hat in der Wüst' ein würdig Grab erworben.

Curcio
O Rache niedrer Bauern,
Kann so in dir die Macht des Grolles dauern,
Daß du mit wüstem Streiten
Des Todes Schwelle sucht zu überschreiten?

    Er geht wehklagend ab.

Blas
Es mögen seine Glieder
Begraben wilde Thier' und Raubgefieder.

Ein Andrer
Herabgestürzt vom Felsen
Mag sein zerstückter Leib zum Graun sich wälzen.

Tirso
Nein, besser geben wir
Ein ländlich Grab ihm unter Büschen hier,
Da nun die Nacht schon waltet,

embuelto en essa lobrega mortaja,
aqui en el monte, Gil, con èl te queda,
porque sola tu voz avisar pueda,
si algunas gentes vienen
de las que huyeron.

 Vanse.

Gil
Linda flema tienen;
à Eusbeio han enterrado
alli, y à mí solo me han dexado:
Señor Eusebio, acuerdese, le digo,
que un tiempo fui su amigo;
mas què es esto? ò me engaña mi deseo,
ò mil personas à esta parte veo.

 Sale Alberto.

Alberto
Viniendo aora de Roma,
en la muda suspension
de la noche, en este monte
perdido otra vez estoy.
Aquesta es la parte adonde
la vida Eusebio me diò,
y de sus soldados temo
que en grande peligro estoy.

Eusebio
Alberto?

Alberto
 Què aliento es este
de una temerosa voz
que repitiendo mi nombre
en mis oídos sonò?

Eusebio
Alberto?

Alberto
Otra vez pronuncia
mi nombre, y me pareciò
que es à esta parte, yo quiero
ir llegando.

Und ihn mit düsterm Leichentuch umfaltet.
Du, Gil, magst im Gebirg ihn hier bewachen,
Es soll uns deine Stimme kenntlich machen,
Ob die entflohne Brut
Sich wieder naht.

Alle ab, außer Gil.

Gil
    Ey ja, die meynen's gut!
Sie haben den Eusebio dort verborgen,
Und lassen mich allein hier bey ihm sorgen.
Ich bitt' euch, Herr Eusebio, wollt bedenken,
Daß ich eur Freund war, und euch nie thät kränken.[108]
Doch seh' ich recht? betrügt mich mein Verlangen?
Mir ist, als kämen Menschen dort gegangen.

Alberto tritt auf

Alberto
In den stummen nächt'gen Schauern,
Wiederkehrend jetzt von Rom,
Seh, ich, daß ich im Gebirge
Hier mich abermals verlohr.
Dieses ist der Ort, wo einst
Mir Eusebio Leben bot,
Und ich fürchte, daß Gefahren
Mir von seiner Bande drohn.

Eusebio
Alberto!

Alberto
    Welch einer Stimme
Achzender und banger Ton,
Meinen Namen wiederhohlend,
Ist gedrungen in mein Ohr?

Eusebio
Alberto!

Alberto
    Schon wieder ruft es
Meinen Namen; mir kommt vor,
Als wärs dort hinaus, und näher
Will ich hingehn.

Gil
Santo Dios!
Eusebio es, y yà es mi miedo
de los miedos el mayor.

Eusebio
Alberto?

Alberto
Mas cerca suena.
voz, que discurres veloz
el viento, y mi nombre dices,
quièn eres?

Eusebio
Eusebio soy
llega, Alberto, azia esta parte,
adonde enterrado estoy,
llega, y levanta estos ramos,
no temas.

Alberto
No temo yo.

Gil
Yo sí.

(Descúbrele.)[109]

Alberto
Ya estás descubierto.
Dime, de parte de Dios,
¿qué me quieres?

Eusebio
De su parte,
mi Fé, Alberto, te llamò
para que, antes de morir,
me oyesses de confesion.
Rato ha que huviera muerto;
pero libre se quedò
del espíritu el cadaver,
que de la muerte el feroz
golpe le privò del uso,
pero no le dividiò.

Gil
    Heilger Gott!
Das ist des Eusebio Stimme,
Und ich ängste mich halb todt.

Eusebio
Alberto!

Alberto
    Nun hallt es näher.
Stimme, die in Lüften flog
Zu mir her, um mich zu rufen:
Wer bist du?

Eusebio
Eusebio
Bin ich: komm hieher, Alberto,
Wo man mich begraben; komm,
Theile das Gebüsch nur ohne
Furcht.

Alberto
    Ich fürchte nichts.

Gil
    Ich wohl.

Alberto
Schon bist du davon enthüllet.
Sag mir nun, beym höchsten Gott,
Was willst du?

Eusebio
    Mein Glaub' an ihn
Rief, Alberto, mir zum Trost,
Dich herbey, daß du mich Beichte
Hören wollst vor meinem Tod.
Eine Weile her verschieden
Bin ich, und vom Geiste schon
War entfesselt meine Leiche,
Doch des Todes heft'ger Stoß
Raubt' ihm den Gebrauch der Glieder,
Aber schied ihn nicht davon.

Levantase Eusebio.
Vèn adonde mis pecados
confiesse, Alberto, que son
mas, que del Mar las arenas,
y los atomos del Sol,
tanto con el Cielo puede
de la Cruz la devocion.

Alberto
Pues yo cuantas penitencias
hice hasta aora te doy,
para que en tu culpa sirvan
de alguna satisfacion.

Gil
Por Dios, que và por su pie;
y para verlo mejor,
el Sol descubre sus rayos,
à decirlo à todos voy.

Vanse Eusebio, y Alberto por un lado, y salen por el otro Julia, y algunos Vandoleros

Julia
Aora que descuidados
la victoria los dexò
entre los brazos del seuño,
nos dan bastante occasion.

Uno
Si has de salirlos al passo,
por esta parte es mejor,
que ellos vienen por aqui.

Salen Curcio, y todos.

Curcio
Sin duda que inmortal soy
en los males que me matan,
pues no me ha muerto el dolor.

Gil
A todas partes ay gente;
sepan todos de mi voz
el mas admirable caso
que jamàs el Mundo viò.

Er richtet sich auf
Wo ich mag die Sünden beichten,
Folge mir, Alberto, komm;
Zahllos gehn den Sonnenstäubchen
Und dem Sand des Meers sie vor.
So viel gilt zum Kreuz die Andacht
Droben in des Himmels Thron.[110]

Alberto
Wohl, so schenk' ich alle Bußen
Dir, die jemals ich erprobt,
Um in etwas zu vergüten
Deine Schulden, die so groß.

Gil
Ja bey Gott, da geht er hin,
Und schon steigt die Sonn' empor
Um dem Anblick beyzuwohnen.
Es zu melden will ich fort.

Eusebio und Alberto ab
Von der andern Seite kommt Julia mit einer Anzahl Räuber.

Julia
Jetzo ist zum Überfalle
Günst'ge Zeit, da sorgenlos
Der erworbne Sieg die Feinde
In des Schlafes Arme schloß.

Ein Räuber[111]
Willst du ihrem Paß besetzen,
So ists wohl am besten dort,
Denn sie kommen hier vorbey.

Curcio kommt mit allen seinen Leuten.

Curcio
Bey der Qual, die in mir tobt,
Zweifl' ich nicht, ich bin unsterblich,
Da ich noch nicht fand den Tod.

Gil
Rings umher ists voll von Menschen,
Alle denn vernehmt mein Wort,
Von hier vorgefallenen Wundern,
Über alles hoch und groß,

De donde enterrado estaba
Eusebio, se levantò,
llamando à un Clerigo à voces:
mas para què os cuento yo
lo que todos podeis ver,
mirad con la devocion
que està puesto de rodillas.

Curcio
Mi hijo es: Divino Dios,
què maravillas son estas?

Julia
Quièn viò prodigio mayor?

Curcio
Assi como el santo anciano
hizo de la absolucion
la forma, segunda vez
muerto à sus plantas cayò.

   Sale Alberto

Alberto
Entre sus grandezas tantas,
sepa el Mundo la mayor
maravilla de las suyas,
porque la ensalce mi voz.
Despues de aver muerto, Eusebio,
el Cielo depositò
su espiritu en su cadaver
hasta que se confessó,
que tanto con Dios alcanza
de la Cruz la devocion.

Curcio
Ay hijo del alma mia!
no fue desdichado, no,
quien en su tragica muerte
tantas glorias mereciò.
Assi Julia conociera
sus culpas.

Julia
Valgame Dios!
què es lo que estoy escuchando?

Von dort, wo er lag begraben,
Hob Eusebio sich empor,
Einen Priester zu sich rufend; —
Doch warum erzähl' ich noch
Was ihr alle sehen könnt?
Schaut nur, wie andächtig dort
Er auf seinen Knieen betet!

Curcio
Ja, mein Sohn ists: heil'ger Gott,
Wie erstaunenswürd'ge Dinge!

Julia
Wer sah solch ein Wunder schon?

Curcio
Und sobald der fromme Alte
Ihm die Absolution
Hat ertheilt, so fällt er wieder
Hin zu dessen Füßen todt.

   Alberto tritt auf.

Alberto
Unter so viel Werken Gottes,
Wisse, wer auf Erden wohnt,
Seiner Wunder allergrößtes;
Meine Stimm' erhöh' sein Lob.
Als Eusebio war gestorben,
Ließ der Himmel weilen noch
Seinen Geist beym starren Leichnam,[112]
Bis er beichten erst gekonnt:
So viel Gnad' erlangt die Andacht
Zu dem heil'gen Kreuz bey Gott.

Curcio
Nein, du warst kein Raub des Unglücks,
O mein herzgeliebter Sohn!
Dem in seinem trag'schen Tode
Solche Glorie ward zum Lohn.
Möchte Julia ihre Schulden
So erkennen!

Julia
    Helf' mir Gott!
Was vernehm' ich, und welch Wunder

què prodigio es este? yo
soy la que à Eusebio pretende,
y hermana de Eusebio soy?
Pues sepa Curcio mi padre,
y sepan el Mundo y todos oy
mis graves culpas, yo misma,
assombrada à tanto horror,
darè voces: sepan todos
quantos oy viven, que yo
soy Julia, en numero infame,
de las malas la peor:
mas yà que ha sido comun
mi pecado, desde oy
lo serà mi penitencia;
y pidiendo humilde perdon
al Mundo del mal exemplo,
de la mala vida a Dios.

Curcio
O assombro de las maldades!
con mis propias manos yo
te matarè, porque sea
tu vida, y tu muerte atroz.

Julia
Valedme voz, Cruz divina,
que yo mi palabra os doy
de hacer, bolviendo al Convento
penitencia de mi error

> *A querer herirla Curcio, se abraza de la Cruz que estaba en el sepulcro de Eusebio, y buela.*

Alberto
Gran milagro!

Curcio
Y con el fin
de tan grande admiracion,
la devocion de la Cruz
felice acaba su Autor.

Ist dieß? Um Eusebio's
Liebe warb ich, und ich bin
Des Eusebio Schwester doch?
Wisse denn mein Vater Curcio,
Wisse alle Welt sofort
Meine schwere Schuld; ich selber,
Von all dem Entsetzen voll,
Wills verkünden: ich bin Julia,
(Höre, wer da lebt, mein Wort!)
In der Anzahl der Verworfnen
Als die schnödeste erprobt.
Aber wie jetzt meine Sünden
Offenbar geworden, solls
Von nun an die Buße werden,
Und ich bitte demuthsvoll
Ab der Welt das böse Beyspiel,
Und das böse Leben Gott.

Curcio
O verbrecherischer Gräuel!
Meine eigne Rechte soll
Dich ermorden, daß entsetzlich,
Wie dein Leben, sey dein Tod.

Julia
Steh mir bey, du göttlich Kreuz!
Denn ich gebe dir mein Wort,
Zu dem Kloster wiederkehrend,
Meine Schuld zu büßen dort.

> *Da Curcio sie erstechen will, umarmt sie das Kreuz, welches am GrabEusebio steht, und fliegt damit in die Höhe.*

Alberto
Großes Wunder!

Curcio
    Und mit solches
Hohen Staunens Aufgebot,
Schließt die Andacht zu dem Kreuz
Glücklich hier der Dichter so.

COMMENTARY

∽

Source Texts:

The texts reproduced here are taken from the following editions:

Comedias del celebre poeta español Don Pedro Calderón de la Barca que saca a luz Don Juan Fernández de Apontes, 11 vols (Madrid: Vuida de Don Manuel Fernández, 1760–63), I, pp. 322–61.
Spanisches Theater. Herausgegeben von August Wilhelm Schlegel, 2 vols (Berlin: Realschulbuchhandlung, 1803–09), I, pp. 1–152.

The orthography, including diacritics, of these editions has been replicated throughout. This includes a large number of idiosyncrasies in relation to the Spanish text in particular. However, while unusual to the modern reader, these do not in any way obscure the meaning. It was not, therefore, considered necessary to provide explanations for these in the notes. Apontes's edition was the edition of choice for most early nineteenth-century German readers of Calderón with the broadest available coverage of the playwright's works included in the eleven volumes. The typesetting was, however, relatively flawed and there are numerous inconsistencies in relation to spelling. This partially explains Keil's intention in 1822 to produce a standardized edition of Calderón following the orthographic guidelines laid down by the *Real Academia Española* in the first edition of its dictionary in 1780. A copy of the Apontes edition is listed in the *Katalog der von August Wilhelm von Schlegel nachgelaßenen Büchersammlung* (1845). Other editions of Calderón's work are also listed but these either omit *La devoción de la cruz* or were published after Schlegel's translation appeared. It is therefore reasonable to assume that Schlegel used the Apontes edition when working on his translation. The two volumes of Schlegel's translation appeared with different publishers. The original 1803 volume, from which the current text is taken, appeared with the Realschulbuchhandlung in Berlin. The second volume, published in 1809, appeared with Hitzig. The two-volume collection is therefore often referenced with one or other of the publishers.

Schlegel's Translation

Schlegel's ethos in terms of translation centred on ensuring that the text produced was as true as possible to the original, not only in meaning, but also in metre, rhyme, and tone. This results in a target language text which contains relatively few actual errors, omissions, or major alterations.

La devoción de la cruz is polymetric with stanzas in a range of metres including *romance, redondilla, décimas, silvas* and *octavas reales*. Schlegel seeks throughout to replicate or at the very least render sympathetically the original metre and rhyme scheme in line with Spanish rather than German convention. In general, this is achieved. For example, the octosyllable *redondilla* form of the first exchange between the *graciosos* with its *abba* rhyme scheme is successfully replicated in the German translation. Similarly, the *silva* form found at the beginning of act two with their seven and eleven syllable lines and *aAbBcCdD* etc rhyme scheme is rendered relatively faithfully. Schlegel's efforts to respect the form of the original does result, however, in the introduction throughout of additional lexical elements inserted to achieve the required line length or rhyme. Conversely, very few lexical elements in the original Spanish are not rendered in some way in the German, although this does result in a frequent reordering of material to ensure that the rhyme and line length are achieved. There is also a tendency to adopt a more florid register than that found in Calderón's relatively simple Spanish phrasing. The following examples give an indication of the strategies adopted by Schlegel:

Example 1: note the position of the lexical pairings 'Bañado en su sangre' / 'Und in seinem Blut gebadet'; 'quatro rusticos pastores' / 'vier Hirten'; and 'muerto (ay Dios!) à puñaladas' / 'Jämmerlich, ach Gott! erstochen'. These are reordered to enable both rhyme and metre:

Bañado en su sangre traen
en una silla por andas,
quatro rusticos pastores,
muerto (ay Dios!) à puñaladas,
mas yà à tu presencia llega,
no le veas.

Bringen vom Gebirg *vier Hirten*
Her auf einer Tragebahre,
Jämmerlich, ach Gott! erstochen,
Und in seinem Blut gebadet.
Doch schon kommt er euch vor Augen:
Seht ihn nicht.

Example 2: note the elements in italics which have been added or embellished to achieve the required line length and metre. Those elements underlined have been rendered differently in translation to achieve the same end. The line 'yà por gusto, yà por miedo' has been omitted altogether:

con ruegos el Cavallero,
con azotes el cochero,
yà por fuerza, yà por grado,
yà por gusto, yà por miedo,
que saliessen procuraban:
por recio que lo mandaban,
mi coche quedo que quedo.
Viendo que no importa nada

Cavalier und Kutcher trieben,
Der mit Bitten, der mit Hieben,
Bald mit Güt' und mit Gewalt,
Fortzukommen *aus dem Drecke*.
Aber was sie auch versuchten,
Wie sie schalten, wie sie fluchten,
Ging mein Wagen nicht *vom Flecke*.
Als sie sahn, daß nichts verfinge,

quantos remedios hicieron,	Ward den *klapperdürren* Mähren,
delante el coche pusieron	*Was sie lang gemußt entbehren,*
un arnero de cebada.	Eine *volle* Futterschwinge
Los cavallos, por comer,	Vor der Kutsche hingesetzt;
de tal manera tiraron,	Die, *die sie den Fraß erreichten,*
que tosieron, y arrancaron,	Zugen, husteten und keichten:
y esto podemos hacer.	Machen wir es auch so jetzt.

Example 3: note the addition or enhancement of elements in the following pairs: 'Ninguno tan atrevido' / 'Glaube sich, tollkühn, wohl vertheidigt'; 'tan desesperado' / 'Nur, wen die Verzweiflung drängt'; and 'viene à tomar por sagrado' / 'Ihn als Zufluchtsort empfängt'; and 'la casa del ofendido' / 'das Haus, das er beleidigt'. This results also in a slight shift in meaning in the last two lines with the emphasis placed on the offence caused to the household itself, rather than the owner:

Ninguno tan atrevido,	Nur, wen die Verzweiflung *drängt,*
si no tan desesperado,	Glaube sich, tollkühn, *wohl vertheidigt,*
viene à tomar por sagrado	Wenn das Haus, *das er beleidigt,*
la casa del ofendido.	Ihn als *Zufluchtsort* empfängt.

Other enhancements are generally limited to the provision of additional stage directions, mostly to clarify location. Significant errors and alterations are outlined in the following notes. These are not intended to be exhaustive but to highlight where meaning or emphasis has been altered. They will also highlight examples of strategies which are adopted throughout the translation.

Notes

1. Schlegel makes no reference to the categorization of the play, an omission which is consistent throughout his two volume edition.
2. The addition of information to explain the roles and backgrounds of characters is typical of Schlegel's approach to the paratextual elements of the play. The order of the players is also altered but there is no apparent logic to the choices made. Schlegel clarifies Alberto's position as Bishop of Trent, drawing, in so doing, greater attention to the location of the play and emphasizing the specifically Catholic setting.
3. The addition of information to clarify setting is, as in this case, often interpretative. Calderón's original suggests a country scene which Schlegel consolidates.
4. Schlegel encounters some difficulty in translating the colloquial exchanges of the *graciosos* who use often non-standard vocabulary. This is the first example of this. The original takes the form of two mild expletives whereas the German reduces this to one phrase which fails to convey the same venom.
5. Calderón's Spanish is rich with proverbial elements which Schlegel occasionally finds difficult to replicate. In this case, the meaning is retained but the German alternative is much less lyrical.
6. See example 2 above.
7. The rhetorical emphasis is often altered by the addition, omission, or alteration of

exclamation or question marks. In this case, the omission of the exclamation mark lessens the sense of irritation expressed by Menga in the original.
8. This represents one of the few actual mistranslations in the play. The flaw was commented on by Böcking in his 1845 edition of Schlegel's works (p. 399). The deletion he refers to is in Schlegel's own hand. The alternative suggested by Böcking is far more accurate:

> Auch in der Vers 'Denn es sind doch Menschen fast' [. . .] ist durchstrichen, und in der That weicht er von dem Original ('Donde hay animals hartos') arg ab. Ich würde, hätte nicht jener schlegelsche Vers bei Vielen fast eine sprichwörtliche Geltung erlangt, oder wäre er nicht vielmehr selbst Anwendung einer sprichwörtlichen Redensart, die ganze Stelle so wiedergegeben haben:

> *Menga*
> Die Geschichten, die du kannst,
> Sind nichts wert.

> *Gil*
>   Mir thut es wehe,
> Wenn ich Vieh so hungrig sehe,
> Wo sich andres füllt den Wanst.

9. By choosing to omit the series of verbal phrases, 'que corren, que salen, que entran', used by Calderón to highlight the sense of panic felt by Gil, Schlegel loses some of the urgency of the original, producing instead a far more pedestrian, descriptive version.
10. The change from the first person singular (mi intento) to the plural (unserm Zwecke) lessens the sense of aggression, making the outcome of the encounter seem like a joint venture rather than the unexpected revenge it actually is.
11. Schlegel's rendition is interpretive here, assuming fear rather than surprise or hesitation as suggested in Calderón's original. This is also an example of the lexical complexity of the German phrasing forcing Schlegel to abandon the more immediate double verbal phrase of the original ('què os suspendéis? què os altera?' / 'Was erregt euch solchen Schrecken?').
12. Schlegel renders 'en el todo' as 'an sich' which alters the sense, suggesting that Eusebio is not to blame for the events which have occurred. The original suggests he is not to blame entirely.
13. Whereas Calderón groups all his stage directions together, Schlegel rearranges and splits them to fit with the actions and words of the various characters. This is a more logical approach and serves to heighten the tension on the page as well as providing clearer guidance to the actors. This strategy is adopted throughout the translation.
14. The Spanish 'ay' is more definite that the German 'muß [. . .] stehen'.
15. Schlegel changes the tense from imperfect (mirabas) to present (siehst) which lends more immediacy to Gil's actions, suggesting his continued amazement.
16. Where a metrical line is split across two speakers, Schlegel is more consistent in terms of layout, ensuring that the continued line is emphasized on the page. This is not consistent throughout, however.
17. Schlegel emphasizes the change of scene by splitting the stage direction and adding a new location. The editorial use of a dividing line guides the reader further.
18. Schlegel is unable to retain the requisite number of lines and maintain the rhyme leading to apparent gaps in the text. No lexical elements or concepts have been omitted, however.
19. The translation greatly embellishes the content of the original and also alters the sense to ask not whether Lisardo knew the papers were in the desk (Pues èl / supo que estaban

allí?) but rather how he came to know this (Doch wie kam er auf die Spur,/ Diese Briefe da zu suchen?).
20. Contrary to the previous example, here Schlegel is far more oblique than the original. The letters are specified in the original (los papeles encontrò) but only alluded to in the translation (Fand er gleich, was ihn verdroß).
21. See example 3 above. Note also the addition of 'für sich' to Eusebio's stage direction, highlighting the clandestine nature of his activities.
22. Stage direction added.
23. Schlegel chooses a relatively complex translation in order to achieve the required rhyme (Como la muerte no temo./ Weil ich nach dem Tod nichts frage.). This strategy is repeated throughout.
24. Schlegel chooses the more abstract notion of 'Macht' to render Calderón's more concrete 'villas'.
25. Here Schlegel renders 'alma' as 'Herz'. This is a frequent alteration.
26. The sense of the translation is altered here, shifting from a rhetorical question to an exclamation. Consequently, the original suggests exasperation while the translation conveys desperation.
27. Schlegel's translation conveys less urgency by omitting 'forzoso'.
28. The stage direction here unusually contains less information than the original. This is presumably because the description of Curcio has already been included in the list of players so is unnecessary here.
29. The emphasis of this passage is shifted through the introduction of the self-congratulatory 'glücklich preis' ich mich' which draws more attention to Curcio as the bearer of news than Julia as the recipient.
30. Schlegel embellishes here with the addition of lexical elements in order to achieve the required rhyme (Wenn beym heil'gen Hochzeit*feste* / Feyerlich *die Kerzen funkeln*). This also has the effect of heightening the Catholic aspect which is a recurrent aspect of the translation.
31. The translation here greatly intensifies the meaning through the addition of 'Befehlen'.
32. Schlegel omits 'del Mundo', thus lessening the severity of the original.
33. Schlegel reorders the phrasing to achieve the rhyme but in so doing renders both 'inocente' and 'libre' as 'Unschuld'ge'.
34. The use of the term 'Brandmarkt' expresses a far more graphic image than the notion of 'infama'.
35. Schlegel changes the speaker here. This is a serious error which alters the meaning entirely. When spoken by Eusebio, the phrase relates to the complexity of his situation. Spoken by Curcio, the words convey his dismay and desperation.
36. See example 1 above.
37. Schlegel's choice here to emphasize Curcio's anger in more explicit terms, rendering the relatively mild 'No me respondas como sueles' with 'Nicht mehr dem Starrsinn nachgehangen', and adding an exclamation mark, heightens the tension of the scene.
38. There are two examples in this stanza of Schlegel adding more explicit information in order to achieve the rhyme and metre required. Both 'Indeß ich zünde der Bestattung Kerzen' and 'Des Bruders Tod im Sterben unterweise' markedly embellish the phrasing in Calderón's original. The effect is a heightening of the dramatic effect and of Curcio's anger.
39. In this section, the sense is altered, firstly though the addition of 'Bedrängniß' which is absent from the original and which further dramatizes Eusebio's situation, and secondly through the mistranslation of the lines 'llegaràn mis delitos / à ser, como mis penas, infinitos' (my crimes will become, / like my suffering, infinite'). The German version focuses instead on the notion of revenge which is absent from the original.

40. The translation is out of step with the original here due to Schlegel's omission of the line 'y pues le he de buscar desesperado'.
41. This is a clear example of Schlegel having to extend the translation (Dort auf Bologna's Schule) in order to incorporate all the elements required and ensure the rhyme and metre are maintained.
42. Over the preceding six lines, Schlegel is forced to extend the translation to include an extra line and some embellishment (als ein Feld der Halmen) in order to achieve the rhyme and metre required.
43. The German translation effectively reverses the meaning of this line. The Spanish original suggests that he cannot be any worse than he has been to date, the German that no amount of care can lessen the impact of his actions.
44. The translation is far more explicit, rendering the non-specific reference to violent deeds (hechos fieros) in terms which emphasize his mistreatment of women (Ach er macht es schlimm mit Weibern).
45. Schlegel alters the sense with this line, away from the directive of the original (No eche, señor, por aì) to the more persuasive tone of the translation (glaubt es mir).
46. The translation provided here alters the sense by emphasising the comparative element only alluded to in the original. The addition of 'unverhohlen' intensifies Eusebio's air of confidence.
47. Schlegel is more explicit in his translation, adding the reference to 'der Feind', the likely recipient of any reports from the peasants.
48. Presumably attempting to create the naïve tone of the peasant *graciosos*, Schlegel adds to the folkish feel of his translation through the use of the phrase 'Hahn und Henne'. A similar strategy is deployed in the following section where Gil refers to 'Hundsfott'.
49. The use of the concise 'Wohlan!' to render the far lengthier description of the original is offset here by the far more lyrical choice of vocabulary in the remainder of this section. Notable in particular is the intensification of the protective power of heaven through the addition of 'Schirm und Walten' which has a far more dramatic effect than the simple 'te guarde'.
50. Peralvillo de la Aldea refers to the proverb 'Como la justicia de Peralvillo, que depués de aseteado el hombre le fulminan el proceso' (As at the court of Peralvillo, once a man has been shot, they try him) which relates to the punishment meted out by the Santa Hermandad in the rural area around Ciudad Real which regularly saw presumed delinquents executed without proper trial near the village of Peralvillo. Schlegel was clearly unaware of this culture-specific reference and opted instead for a reference to the child's game 'Blindekuh' or 'Blind Man's Buff'. Given the situation described in which Gil and Menga find themselves, this was a reasonable solution.
51. Here Schlegel changes the sense entirely, replacing Gil's query as to the likelihood of rescue (Es decir, que vendrà alguno?) with an exclamation bemoaning their fate (Ach, es ist uns schlimm ergangen!).
52. Schlegel fails here to replicate the lyrical tone of the original which evokes a child's rhyme, unable to achieve with participles what Calderón has in terms of rhyme (cantando / pidiendo / comiendo / rezando). Schlegel retains the rhyme pattern but at the expense of the simplicity found in the original. The translation also omits two of the categories of traveller, 'un caminante' and 'un estudiante'.
53. The German translation omits the culture-specific reference to coinage, replacing it with a reference to 'Landwein' which would be more accessible to a German-speaking readership. This has a neutralizing effect which is out of line with Schlegel's general ethos.
54. Schlegel embellishes the translation to pose a question (Soll er so noch länger streifen / Durch das Land?) which emphasizes the extent of Eusebio's activities.
55. The choice of 'Hauptquartier' is more explicit than the use of 'acudir' in the original. In

addition, Schlegel emphasizes the number of crosses to be seen through the analogy with a churchyard.
56. Schlegel's rendition here alters the sense. The emphasis in the original is on Curcio as a witness of the miracle and his repeated doubts. The translation emphasizes the ongoing impact of the experience (tief mich noch bewegend).
57. Here Schlegel embellishes Curcio's misery by intensifying the power of his pain (Doch von ungeschwächter Kraft).
58. Schlegel replaces 'Cielo' with 'Sternen' here to achieve the required rhyme.
59. The choice of the rhetorically complex 'Jedermann wird ihr zum Raube' to render the relatively simple 'que no perdonan a nadie' is far more lyrical and also heightens the dramatic effect.
60. The person is shifted here from third 'no me admire' to first 'erblick' ich' which changes the sense but does not lessen the threatening intensity being described.
61. The addition of 'Brauen', used to achieve the rhyme, also adds to the threatening aspect of the mountains.
62. Here Schlegel embellishes through the addition of 'Eh dein Stahl in Blut sich tauchet' and also 'vor dem letzten Hauche', both of which intensify the dramatic tone whilst also enabling the required rhyme.
63. Schlegel translates 'infame' which relates to the notion of birth (parto) in the original as 'Schlaue', relating to Curcio's wife, Rosmarin, which gives added rhetorical emphasis.
64. The choice of 'So nimm Rach' am schuld'gen Haupte' to render 'justo serà que me mates' here intensifies the imagery, emphasizing the notion of revenge and heightening the dramatic tone.
65. The addition of 'du Trauter' here to complete the rhyme has the effect of heightening the emotional significance.
66. The addition of 'mit eitlem Gaukeln' here to complete the rhyme also adds emphasis to the sense of ineffectiveness.
67. The use of 'Stempel' to render 'señales' adds emphasis.
68. The translation is far more explicit with 'die Schaar der Bauern' used to render 'la gente'.
69. The change of scene is emphasized by the addition of a location.
70. The four preceding lines are translated so as to suggest a more positive sense of divine intervention than that suggested in the original. While the original outlines cause and effect (si me quiere; tengo de), the German simply outlines a set of actions with a clear outcome.
71. The four preceding lines are greatly embellished in translation, in particular with the addition of 'wenn sonst auch alles', inserted to achieve the required rhyme. The addition of 'seine Glieder' and description of the fall as 'tief' increase the dramatic tone.
72. Here Schlegel omits the stage direction 'vanse' but adds a location for clarity.
73. The translation of 'por todo el Convento' as 'bis in des Klosters Mitten' heightens the sense of transgression and tension. This is then further emphasized in the lines 'Daß ich mit behenden Tritten / Durch die Gänge hingeschritten' which further emphasizes the daring nature of Eusebio's actions.
74. The description of the cells as 'de Religiosas' is not translated.
75. The use of 'spotten' to render 'llevar' heightens the sense of frustration and has a far more accusatory tone.
76. The translation removes the doubt contained in the question posed originally, making Julia's discovery a certainty.
77. Schlegel succeeds in replicating the tripartite questioning of the original but alters the sense by introducing the concept of wakening and also heightening the sense of self-doubt found in 'Thöricht mit mir selbst noch plaudern?'
78. The substitution of the interrogative, with its sense of persuasion, by a command form

Die Andacht zum Kreuze 213

alters the dynamic. An extra stage direction is also added to emphasize Julia's awakening.

79. These two lines are greatly embellished in translation through the use of 'erträumte Wahn'. Also, the shift from the interrogative to a command and the addition of 'fort' shift the sense from one of confusion to one of fear.
80. The sense is altered here from the rhetorical question of the original which asks who would not want to flee from Eusebio to the more definite tone of the German which states that there is nothing to prevent Julia from fleeing.
81. The use of 'Herz und Seel' to render 'dos voluntades' is more emotive.
82. These two lines are given a more forceful sense through the use of 'die in mir stürmet' and 'Bricht durch alle Schranken Bahn'. The emphasis also shifts from Julia's defence, which is not mentioned explicitly, to Eusebio's attack.
83. The use of 'des Abgrunds Schwelle' to render 'las desdichas' greatly heightens the dramatic tone here.
84. The change of scene is once again emphasized by the addition of a location.
85. The addition of 'ich flehe' heightens the sense of desperation here.
86. This section from 'Ey, das sticht...' deviates markedly from the original in such a way as to suggest that Schlegel struggled to render the colloquial tone of the *gracioso*. The translation emphasizes the comedic element by focussing on the discomfort caused by the thorns in Gil's hiding place. This is keeping with the sense of the original but fails to render elements such as the expletive 'pleguete Christo', or the tripartite structure following 'mas pica, que', the content of which is entirely absent. There is no attempt to render the reference to the fictional Saracen knight, Fierabras, who features in a number of *chansons de geste*, and whose story is used by Calderón in the play *La puente de Mantible* (The Bridge of Mantible, 1630).
87. 'Irr' ich nicht' is added here to achieve the required line length.
88. The translation greatly enhances the simple 'de mi daño' as 'von der Feinde Thun', thus making Eusebio's plan far more explicit.
89. These lines are rendered as a request rather than the question posed in the original. This emphasizes Eusebio's dominance, a tendency repeated frequently throughout.
90. The preceding seven lines contain a number of additions which emphasize Julia's courage and aggression: 'wenn sie mein Muth begeistert' is used to render the far simpler 'si los animo'; 'zum Schrecken' is far stronger than 'assombro'; and 'Flammeneifer' similarly far stronger than 'vengativo'.
91. 'Daß ich nicht im mindsten zweifle' is far more definite than the original 'mil veces imagino'.
92. Schlegel uses a double analogy here to achieve the required line length. This has the effect of heightening the comedic effect.
93. Gil's orginal statement 'Es el Diablo' has a serious undertone reflecting the magnitude of Eusebio's deeds. The exclamatory 'Teufelstreiche!' suggests a more mischievous, less grave tone.
94. The preceding four lines contain two additions which ensure the required line length: 'aufgefressen' which intensifies the description of Eusebio's acts and 'wo ich wohne' which interprets Gil's reference to the village as being the one where he lives.
95. The use of 'Missethäter' greatly strengthens the description of Eusebio who is represented by the direct object 'le' in the original.
96. The stage direction is far more explicit, clarifying precisely who remains on stage.
97. The change in scene is emphasized through the addition of a location.
98. The double reference to plants (Planta hermosa, fertil Vid) is replaced here with a single reference and emphasis on the pleasure which it brings (Reb', an welcher wir uns freuen).
99. The choice of phrasing to render these two lines is far more lyrical and heightens the

dramatic effect, in particular the use of 'letztes Glimmen' and 'Mit dem Blute mußt' entschwimmen', which highlight the tragedy of death far more than the relatively simple phrasing of the original.
100. 'Bronce', referring to solid bronze, is rendered here as 'Stein', presumably to achieve the required rhyme.
101. In an effort to retain the required rhyme, the German version struggles here to convey the same level of emotion, firstly by replacing the notion of Eusebio's dying breath with that of a heartbeat and secondly by repositioning Curcio's exclamation which refers in the original to his first sight of the mark on Eusebio's breast, not to the heartbeat as suggested in the translation.
102. The German translation slightly alters the sense here, focussing less on Curcio's suffering and more on the tragically brief nature of his encounter with his new-found son.
103. The preceding three lines are altered markedly. 'Cielo' is rendered as 'Wille' which lessens the religious aspect. The original describes the twins as prodigious but does not suggest the hyperbole inherent in the German translation.
104. The translation renders far more explicit the actions of death in separating body and soul when compared to simple denial of life expressed in the original.
105. The sense is altered here, firstly though the use of 'Herz' to render 'alma', and secondly through the use of the far more emotive 'für dich zu brennen' to render 'obedecerte'.
106. The translation of 'guerra injusta' is omitted here in order to retain the required rhyme.
107. The stage direction in German is far more explicit, suggesting that Curcio pulls his hair out, rather than tearing at it. The presence of other peasants as well as Blas is also clarified.
108. In the preceding three lines, the phrases 'bey ihm sorgen' and 'und euch nie that kränken' are added to achieve the required line length and rhyme.
109. Unusually, Schlegel does not translate this stage direction, allowing Alberto's following words to act as an explanation.
110. The translation's use of 'Himmels Thron' to render 'Cielo' heightens Eusebio's rhetoric.
111. Schlegel clarifies the role of the speaker as a robber in rendering 'uno'.
112. The addition of 'starr' to describe Eusebio's body enables the required line length while also emphasizing the contrast of his living soul and dead corpse.

BIBLIOGRAPHY

ATKINS, STUART, *Essays on Goethe*, ed. by Jane K. Brown and Thomas P. Saine (Columbia, SC: Camden House, 1995)
BEHLER, ERNST, 'The reception of Calderón among the German Romantics', *Studies in Romanticism*, 20 (1981), 437–60
BÖCKING, EDUARD, ed., *Briefe Schillers und Goethes an A. W. Schlegel aus den Jahren 1795–1801 und 1797 bis 1824* (Leipzig: Weidmann, 1846)
CALDERÓN DE LA BARCA, PEDRO, *Comedias del celebre poeta español Don Pedro Calderón de la Barca que saca a luz Don Juan Fernández de Apontes*, 11 vols (Madrid: Vuida de Don Manuel Fernández, 1760–63)
FRÖSCHLE, HARTMUT, *Goethes Verhältnis zur Romantik* (Würzburg: Königshausen und Neumann, 2002)
ECKERMANN, JOHANN PETER, *Gespräche mit Goethe in den letzten Jahren seines Lebens. Erster und Zweiter Teil* (Berlin and Weimar: Aufbau, 1982)
GOETHE, JOHANN WOLFGANG, *Johann Wolfgang Goethe. Berliner Ausgabe*, ed. by Siegfried Seidel, 22 vols (Berlin: Aufbau, 1970–78)
GRIES, JOHANN DIETRICH, *Schauspiele von Don Pedro Calderon de la Barca*, 2 edn, 9 vols (Berlin: Nicolai, 1840–50)
HUYSSEN, ANDREAS, *Die frühromantische Konzeption von Übersetzung und Aneignung. Studien zur frühromantischen Utopie einer deutschen Weltliteratur*, Züricher Beiträge zur deutschen Literaturgeschichte 33 (Zürich: Atlantis, 1969)
KEIL, JOHANN GEORG, *Las comedias, de D. Pedro Calderón de la Barca, cojetados con las mejores ediciones hasta ahora publicadas, corregidas y dadas á luz por J. J. Keil*, 3 vols (Leipzig: Brockhaus, 1820–22)
KELLER, ULRIKE, *Otto Zoffs dramatische Werke. Vom Theater zum Hörspiel* (Munich: K. G. Saur, 1988)
LEITZMANN, ALBERT, ed., *Briefwechsel zwischen Wilhelm von Humboldt und August Wilhelm Schlegel* (Halle a.d.S.: Niemeyer, 1908)
MCKENDRICK, MELVEENA, *Theatre in Spain 1490–1700* (Cambridge: Cambridge University Press, 1989)
MALSBURG, ERNST FRIEDRICH GEORG OTTO, *Ernst Friedrich Georg Otto's von der Malsburg Poetischer Nachlass und Umrisse aus seinem inneren Leben von P. C.* (Kassel: Bohne, 1825)
METTINGH, FREIHERR VON, *Obras de Calderon de la Barca. Dramatische Dichtungen von Calderon de la Barca in wortgetreuer Uebersetzung* (Erlangen: Commissionsverlag der Universitätsbuchhandlung, 1884)
MÜLLER, ADAM, *Adam Müllers vermischte Schriften über. Staat, Philosophie und Kunst*, 2 vols (Vienna: Heubner und Volke, 1817)
NIGGL, GÜNTER, *Studien zur Literatur der Goethezeit*, Schriften zur Literaturwissenschaft 17 (Berlin: Duncker und Humblot, 2001)
SCHACK, FRIEDRICH VON, ed., *Calderons ausgewählte Werke in drei Bänden. Uebersetzt von August Wilhelm Schlegel und J. D. Gries*, 3 vols (Stuttgart: Cotta, 1882)

SCHELLING, FRIEDRICH WILHELM JOSEPH, *Historisch-kritische Ausgabe* (Stuttgart: Frommann-Holzboog, 2010); Reihe III: *Briefe*, 3 vols

SCHLEGEL, AUGUST WILHELM, *Spanisches Theater*, 2 vols (Berlin: Hitzig, 1803–09)
   Schauspiele von Don Pedro Calderon de la Barca. Übersetzt von August Wilhelm von Schlegel. Zweite Ausgabe besorgt von Eduard Böcking, 2 vols (Leipzig: Weidmann, 1845)
   Briefe von und an August Wilhelm Schlegel. Gesammelt und erläutert durch Josef Körner, 2 vols (Leipzig: Amalthea, 1930)
   Kritische Schriften und Briefe, ed. by Edgar Lohner, 7 vols (Stuttgart: Kohlhammer, 1966–67)

SCHOPENHAUER, JOHANNA, *Im Wechsel der Zeiten, im Gedränge der Welt. Jugenderinnerungen. Tagebücher. Briefe* (Munich: Winkler, 1986)

SCHWARTZ, WILHELM, *August Wilhelm Schlegels Verhältnis zur spanischen und portugiesischen Literatur* (Halle: Niemeyer, 1914)

SULLIVAN, HENRY W., *Calderón in the German Lands and the Low Countries: his reception and influence, 1654–1980* (Cambridge: Cambridge University Press, 1983)

www.ingramcontent.com/pod-product-compliance
Lightning Source LLC
Chambersburg PA
CBHW060055190426
43201CB00034B/1733